U0612992

全国革命老区县发展史丛书·广东卷

四会市革命老区发展史

四会市革命老区发展史编委会　编

SPM 南方出版传媒　广东人民出版社
·广州·

图书在版编目（CIP）数据

四会市革命老区发展史 / 四会市革命老区发展史编委会编. —广州：
广东人民出版社，2021.6
（全国革命老区县发展史丛书·广东卷）
ISBN 978-7-218-15080-2

Ⅰ.①四… Ⅱ.①四… Ⅲ.①四会—地方史 Ⅳ.①K296.54

中国版本图书馆CIP数据核字（2021）第105107号

SIHUI SHI GEMING LAOQU FAZHANSHI
四会市革命老区发展史

四会市革命老区发展史编委会　编　　　　　　　版权所有　翻印必究

出　版　人：肖风华

责任编辑：钱飞遥
文字编辑：郝婧羽
装帧设计：张力平等
责任技编：吴彦斌　周星奎

出版发行：广东人民出版社
地　　址：广州市海珠区新港西路 204 号 2 号楼（邮政编码：510300）
电　　话：（020）85716809（总编室）
传　　真：（020）85716872
网　　址：http://www.gdpph.com
印　　刷：广州市浩诚印刷有限公司
开　　本：715mm×995mm　1/16
印　　张：13.75　插　页：10　字　数：180 千
版　　次：2021 年 6 月第 1 版
印　　次：2021 年 6 月第 1 次印刷
定　　价：58.00 元

如发现印装质量问题，影响阅读，请与出版社（020–85716849）联系调换。
售书热线：（020）85716826

广东省编纂《革命老区县发展史》丛书
指导小组

组　长：陈开枝（广东省老区建设促进会会长）

副组长：林华景（广东省老区建设促进会常务副会长）

　　　　宋宗约（广东省农业农村厅二级巡视员、广东省老
　　　　　　　　区建设促进会副会长）

　　　　刘文炎（广东省老区建设促进会副会长）

　　　　郑木胜（广东省老区建设促进会副会长）

　　　　姚泽源（广东省老区建设促进会副会长兼秘书长）

　　　　谭世勋（广东省老区建设促进会副会长）

　　　　廖纪坤（广东省农业农村厅总经济师）

办公室

主　任：姚泽源（兼）

副主任：韦　浩（广东省农业农村厅扶贫协作与老区建设处
　　　　　　　　处长）

　　　　柯绍华（广东省老区建设促进会副秘书长）

　　　　伍依丽（广东省老区建设促进会副秘书长）

微信扫描二维码 ◀◀◀
您立即获得本书作者的
相关资料。

《四会市革命老区发展史》编纂委员会

主　　任：黄建平

副主任：李伟忠　罗浩翔

成　　员：（按姓氏笔画为序）

白界成　朱叶义　朱海清　江伟红　江国其

李进孟　张　伟　陈水霞　罗　勇　高　健

黄志坚　黄建灵　梁灶华　曾志和　雷秀英

黎成祥

《四会市革命老区发展史》编纂工作领导小组

组　　长：雷秀英

副组长：梁灶华

编辑部办公室

主　　编：雷秀英

成　　员：（按姓氏笔画为序）

刘伯清　李平坚　李达明　李信芳　杨深泉

陆炳新　冼一兵　祝发新　梁灶群　曾永祥

在举国欢庆新中国成立 70 周年前夕，中国老区建设促进会王健会长请我为《全国革命老区县发展史》丛书作序，作为一名在老区战斗过并得到老区人民生死相助的老兵，回首往事，心潮澎湃，感慨万千，深感义不容辞，欣然应允。

中国革命老区，是以毛泽东为代表的中国共产党人在领导人民推翻帝国主义、封建主义和官僚资本主义三座大山，争取民族独立和人民解放伟大斗争中建立的革命根据地，在这片红色的土地上，诞生了无数可歌可泣的革命英雄儿女，为后人树起了一座不朽的丰碑，她是新中国的摇篮，是党和军队的根。

在艰苦卓绝的战争年代，老区人民把自己的命运与中华民族的命运紧紧地联系在一起，与中国共产党和人民军队的命运紧紧地联系在一起，他们生死相依，患难与共。我曾亲历过战争年代，并得到过老区红哥红嫂的救助，切身感受到发生在身边的一幕幕撼天动地的革命故事，在那极其艰难的条件下，老区人民倾其所有、破家支前，不怕艰难困苦，不怕流血牺牲。"最后一碗米送去做军粮，最后一尺布送去做军装，最后一件老棉袄盖在担架上，最后一个亲骨肉送去上战场"，这是当时伟大的老区人民为建立新中国做出巨大牺牲的真实写照，它将永远镌刻在中国共产党、中国人民解放军、中华人民共和国的历史丰碑上。他们的光辉业绩永载史册，他们的革命精神必将影响一代又一代的革命新人，造就一代又一代的民族脊梁。

在社会主义革命和建设时期，革命老区和老区人民响应党的号召，面对落后的面貌、脆弱的经济、恶劣的生态环境，他们本色不变，精神不丢，自力更生，艰苦奋斗，干一行爱一行。始终坚持"革命理想高于天"，自觉做共产主义远大理想的坚定信仰者和忠实实践者，勇于向恶劣的自然环境和贫穷落后宣战，他们在各条战线上为国建功立业，用平凡的双手创造了一个又一个不平凡的奇迹，彰显了老区人的崇高精神和人格力量。

在改革开放的伟大进程中，老区人民解放思想，勇于创新，发奋图强，攻坚克难，老区的经济社会建设取得了辉煌成就。特别是在改变中国的面貌、中华民族的面貌、中国人民的面貌、中国共产党的面貌的伟大实践中发挥了至关重要的作用。老区人民既是改革开放的参与者，也是改革开放的推动者。

艰苦练意志，危难见精神。老区人民在近百年的革命战争、社会主义建设和改革开放的伟大实践中，孕育形成了伟大的老区精神：爱党信党、坚定不移的理想信念；舍生忘死、无私奉献的博大胸怀；不屈不挠、敢于胜利的英雄气概；自强不息、艰苦奋斗的顽强斗志；求真务实、开拓创新的科学态度；鱼水情深、生死相依的光荣传统。这是党和人民宝贵的精神财富、丰厚的政治资源，是凝心聚力、振奋民族精神的重要法宝，也是社会主义核心价值观的重要内容。

中国老区建设促进会怀着强烈的政治责任感和历史使命感，组织全国各地老促会人员克服困难，尽心竭力编纂《全国革命老区县发展史》丛书，记录老区的光辉历史和辉煌成就，传承红色基因，弘扬老区精神，是功在当代，利及千秋的一件大事。手捧这部丛书的部分书稿，读着书中的故事，倍感亲切，深感这部丛书具有资政、育人、存史的社会功能，有着重要的时代和历史价值。它是不忘初心、牢记使命的源头活水，是赞颂共产党、讴歌老区人民的一部精品力作，是弘扬老区精神、传承红色记忆的丰厚载体，是一项继承优秀传统文化、弘扬革命文化、发展社会主义先进文化，坚定"四个自信"的宏大文化工程。它必将成为一种文化品牌，为各界人士了解老区宣传老区支持老区提供一部有价值的研究史料。希望读者朋友们能从中了解并牢记这些为党和民族的利益不断奉献的老区人民，从中得到教益，汲取人生奋斗的精神动力。

新时代赋予新使命，新起点开启新征程。让我们更加紧密地团结在以习近平同志为核心的党中央周围，坚持以习近平新时代中国特色社会主义思想为指导，增强"四个意识"，坚定"四个自信"，做到"两个维护"，弘扬老区精神，铭记苦难辉煌。为实现"两个一百年"奋斗目标，实现中华民族伟大复兴的中国梦作出新的更大的贡献！

迟浩田

2019 年 4 月 11 日

2017年6月，中国老区建设促进会组织全国各地老促会启动编纂《全国革命老区县发展史》丛书，按照"建立中国共产党、成立中华人民共和国、推进改革开放和中国特色社会主义事业"三大里程碑的历史脉络，系统书写革命老区百年历史，深入挖掘革命老区红色文化资源，这对于充实丰富中国革命史籍宝库、在新时代传承红色基因、弘扬革命精神、强固根本，对于激励人们在新的历史条件下夺取中国特色社会主义伟大胜利，实现中华民族伟大复兴的中国梦具有重要意义。

丛书编纂以习近平新时代中国特色社会主义思想为指导，以《中国共产党历史》《中国共产党的九十年》等重要文献为基本依据，以党的领导为核心，以老区人民为主体，以老区发展为主线，体现历史进程特征，突出时代发展特色，坚持辩证唯物主义和历史唯物主义相统一、历史真实性与内容可读性相统一的原则，书写革命老区从站起来、富起来到强起来的光辉革命史、不懈奋斗史、辉煌成就史，把老区人民的伟大贡献、伟大创造、伟大成就、伟大精神充分展示出来，形成一部具有厚重历史特征和鲜明时代特色的精品力作。这是一部培根铸魂、守正创新，既为历史立言，又为时代服务，字里行间流淌着红色血脉、催生着革命激情的传世之作。丛书的编纂出版将成为讴歌党讴歌人民讴歌时代、传播红色文化、为革命老区和老区人民树碑立传的重要载体。

丛书按照编年体与纪事本末体相结合、以编年体为主的编写体例确定框架结构；运用时经事纬、点面结合的方式记述史实；坚持人事结合、以事带人的原则处理人与事的关系；采取夹叙夹议、叙论结合以叙为主的方法展开内容。做到了史料与史论、历史与现实、政治与学术统一，文献性、学术性、知识性相兼容。

为编纂好《全国革命老区县发展史》丛书，打造红色文化品牌，中国老区建设促进会认真组织积极协调，提出政治立场鲜明、史料真实准确、思想论述深刻、历史维度厚重、时代特色突出、编写体例规范、篇目布局合理、审读把关严格、出版制作精良的编纂出版总要求，力求达到革命史籍精品的精神高度、思想深度、知识广度、语言力度，增强丛书的权威性和社会影响力。各省（区、市）、市（州、盟）、县（市、区、旗）老促会的同志，以强烈的使命感、责任感和紧迫感，勇于担当，积极作为，认真实施，组织由老促会成员、专家学者等参加的十余万人编纂队伍。编纂工作主体责任在县，省、市组织协调、有力指导、审读把关。各方面人员以高度负责的精神和科学严谨的态度，满腔热情地投入工作，为丛书编纂出版作出了重要贡献。丛书编纂工作还得到了党和国家有关部委、地方各级党委政府及有关部门的大力支持和积极参与，社会各界也给予了热情帮助。中共中央政治局原委员、中央军委原副主席、原国务委员兼国防部长迟浩田上将，对老区人民怀有深厚感情，对革命老区建设发展十分关注，欣然为《全国革命老区县发展史》丛书作总序。

丛书由总册和1599部分册（每个革命老区县编纂1部分册）组成，共1600册。鉴于丛书所记述的史实内容多、时间跨度长和编纂时间紧，不妥之处，敬请批评指正。

中国老区建设促进会

● 老区文明建设 ●

四会市第二人民医院（江谷）新院落成

四会市老区江谷青云小学

四会市老区东城街道玉城小学

供电部门加强基础设施建设，保障老区电力传送 　　　　　　　老区电网改造

四会老区的公路交通建设

四会老区立体交通

四会市老区江谷精细化工基地

四会市龙甫工业园

南江工业园

江谷水库大坝

石狗镇兰花基地

江谷镇三角梅基地

东城街道玉器天光圩

中国民间古法造纸第一村——扶利村

黄田镇江头乡农会旧址

彭泽民故居

黄田镇省级柑橘产业园
示范基地

四会市奇石河风景区

青云纪念馆

屹立四会城区的柑橘少女塑像

● 四会城区 ●

四会城区

四会市人民广场

四会大道

观海路姚沙新桥

城中区街道

● 革命遗址、文物 ●

四会市抗日阵亡将士纪
念碑（四会市中山公园）

四会市革命烈士纪念碑
（东城街道槎山公园）

赖西畴烈士墓（龙甫镇
营脚村）

四会市烈士墓园（江谷镇聚
福宝陵园）

雷国光、唐钧毅烈士墓（江
谷镇镇郊村）

陈伯忠烈士墓（黄田镇
江头村）

挺四儿童教养院旧址
（威整镇）

青云儿童教养院旧址
（江谷镇老泗塘村）

威整史馆

● 革命文物 ●

大革命时期使用的军刀、刀鞘

江谷十二带老区大革命时期的改装短枪

绥贺支队使用的手榴弹

绥贺支队使用的匕首

绥贺支队使用的战斗号角

绥贺支队战士使用的子弹带

● 乡镇街道 ●

东城街道

黄田镇

下茆镇

石狗镇

江谷镇

地豆镇

威整镇

大沙镇

● 四会市美丽乡村 ●

地豆镇水车村

石狗镇程村

江谷镇杨村

威整镇力棚村

贞山街道扶利村

黄田镇江头村委会大寨村

微信扫描二维码
您立即开展本书的
延伸阅读。

时序更替，日月如梭。2019 年，我们迎来了中华人民共和国成立 70 周年、全面建成小康社会的关键之年。70 年砥砺奋进，四会人民牢记习近平总书记"要饮水思源，决不能忘了老区苏区人民"的诚挚嘱托，不忘初心、不忘历史、不忘老区，用一部感天动地的发展奋斗史诗，弘扬革命老区精神，加快全面建成小康社会进程，确保老区人民在全面建成小康社会进程中一个都不掉队。

"我们都在努力奔跑，我们都是追梦人"，在这时代最强音的感召下，《四会市革命老区发展史》即将付梓，这是四会革命老区建设的一件大事，也是四会人民政治生活中的一件大事，为四会人民提供了一本具有地方特色的革命历史教材，对当前和今后的实践具有重要的借鉴和启迪意义。

思绪飞驰，梦在延续。四会人民在中国共产党的领导下，长期进行艰苦卓绝的革命斗争，有着光荣的革命传统，先烈辈出，英贤涌现。大革命时期，革命元勋、华侨领袖、中共挚友彭泽民，为中国革命胜利鞠躬尽瘁；农民运动先驱、共产党员陈伯忠，为黄田江头乡开展农民运动筚路蓝缕，成立农会，创立了四会第一支农民自卫军，开展武装斗争。随着抗日战争的爆发，党领导的四会抗日武装，开辟了江谷十二带、石狗、黄田、威整等敌后抗日根据地，沉重打击了日、伪军的猖狂进攻，成为绥江地区抗战的中流砥柱。解放战争时期，在粤桂湘边纵队领导下，四会群众武装斗争风起云涌，成立了绥贺支队属下威震敌胆的四会独立大队，开展清剿土匪、拥军支前、维护治安等活动，有力配合了中国人民解放军南下大军，为解放四会、建立人民政权，做出了不可磨灭的贡献。

春风得意马蹄疾。在改革开放日新月异的新时代，四会大胆进行实践，积累了许多弥足珍贵的经验，这是老区精神在改革开放时代的传承和发扬。在这开拓进取和决胜全面建成小康社会的关键时刻，四会市革命老区建设促进会，历经几个春秋寒暑，以高度的历史责任感，调研、发掘、整理、编辑以及勤奋笔耕，编纂出版《四会市革命老区发展史》，为革命老区的建设、发展，送来了宝贵的精神食粮。四会的老区革命斗争发展史，是光辉而悲壮的历史，应该镌刻于青史，流芳百世。

我们追思历史、缅怀先烈，推动四会革命老区经济、农业、教育、卫生、文化、民生的发展，传承红色基因，宣传红色文化，发扬光荣革命传统，争取更大成就。我们要继续搞好革命老区建设工作，不断促进老区发展，坚持精准扶贫，在帮助老区的发展中坚守生态红线，以生态优先、绿色发展为导向，把绿水青山的红色土地建设成金山银山的沃土，让红色热土焕发出新的时代魅力，实现革命先烈的遗愿，不辱使命，奋力前行。

四会市革命老区发展史编委会

2020 年 10 月

1

第一章

区域概况

历史沿革·地理气候

　　四会始建于秦始皇三十三年（公元前214年）。当此历史时期，四会幅员广阔，县境包括今之四会、广宁、怀集、三水、鹤山、新会、江门、开平、台山、斗门、清新等县（市、区）的全部或部分地区，因境内有4条江河流经并汇聚于此而得名。历经2000多年的沧桑岁月，辖区虽经历代变迁而有所改变，但"四会县"这一称谓（除1952年5月至1954年7月和1958年10月至1961年4月两度与广宁县合县而称"广四县"外）一直沿用至1993年11月撤县建市为止。此后四会市为广东省直辖、肇庆市代管的县级市。2017年，下辖龙甫、地豆、威整、罗源、迳口、大沙、石狗、黄田、江谷、下茆10个镇和城中、东城、贞山3个街道，有113个行政村、44个社区、2251个村民小组。市政府驻东城街道，总面积1166.38平方公里，常住人口49.43万。

　　四会市位于东经112°25′25″～112°52′35″，北纬23°11′40″～23°41′42″之间；处在广东省中部偏西，西江、北江、绥江三条河流下游，东与佛山市三水区交界，南与肇庆市鼎湖区相连，西北与肇庆市广宁县接壤，东北与清远市清新区毗邻，属珠三角经济区和粤港澳大湾区范围，是肇庆市的东大门和经济中心区、绥江经济走廊龙头城市、珠三角通往粤西和广西的交通要塞。大部分地区地处北回归线以南，属于亚热带季风气候，雨量充沛，日照充足，气温和暖，夏长冬短。至2017年的30

年来，累计年平均降雨量为1765.9毫米；平均日照1649.5小时；累计极端最高气温38.5℃，极端最低气温-1.2℃。

地形交通·语言古迹

　　四会市境内地形平面呈竖立的桑叶形，地势由西北向东南倾斜，东西宽约30公里，南北长约45公里。北部和西部多为山地，占总面积的44.3%；中部多为丘陵与河谷盆地，占总面积的31.2%；南部和东南部为冲积平原，占总面积的24.5%。境内最高山峰是三桂山，海拔888米。国道G321线，省道S260线、S118线，广（州）茂（名）铁路，珠三角环线、二广高速、广佛肇高速、汕湛高速和广佛肇城际轨道，或贯穿或途经境内。陆路距广州68公里，距肇庆42公里，距广州花都国际新机场50公里。境内西江、北江、绥江内河通航128公里，口岸码头装卸点与车检场合二为一，水路距香港123海里。

　　居民绝大多数为汉族，占总人口的97%以上，其余为蒙古族、回族、藏族、维吾尔族、苗族、布依族、壮族、朝鲜族、满族、侗族、瑶族、白族、土家族、傣族等少数民族。流行语言主要是广州话和客家话两大语系。广州话语系主要分布城中、东城、贞山、大沙、下茆、江谷、罗源、威整等镇（街道）的全部或部分乡村，占总人口的60%左右；客家话语系主要分布在地豆、迳口、石狗等镇，占总人口的37%左右。同时，四会是华侨领袖彭泽民、岭南书画大师吴子复、奥运冠军冼东妹的故乡，也是佛教禅宗六祖惠能的顿悟之地。古迹有"一仙""两佛""三台""四塔"，还有纪念六祖惠能南来的六祖寺和中国民间古法造纸第一村——邓村。

老区镇街及机构的历史沿革

　　四会市是有革命老区的县级市，重点侨乡，也是中国玉器之乡、中国柑橘之乡，又是全国文明城市。从一直追随孙中山从事革命活动的彭泽民，大革命时期创建四会第一个农会的陈伯忠，到抗日战争、解放战争涌现出的革命斗士，四会都有着光荣的革命传统。2017年，四会市有黄田、石狗、江谷、下茆、威整、大沙、东城、地豆等8个革命老区镇（街道），老区村庄268个。革命老区镇（街道）总人口27.33万人，占全市总人口的64%，其中革命老区村庄人口5.79万人，占全市总人口13%。

　　【革命老区建设机构的建立】1979年5月，成立四会县革命老区建设办公室；1980年3月，改名为"四会县革命老区建设委员会"；1995年，定名为"四会市老区建设研究促进会"；2006年2月，改为"四会市老区建设促进会"。

　　1957年，四会县首次划定黄田、石狗、大沙、江谷、江林、上茆、威整、清塘等8个乡26个合作社的180个自然村为革命老区。

　　1997年，四会市革命老区村庄共259个，老区人口36967人，占全市人口的9.4%。分布在石狗、江林、威整、下茆、江谷、龙湾、地豆、黄田、新江、大沙、东城等11个镇（街道）43个行政村和一个社区，其中黄田、江林、石狗等3个镇被评定为老区镇。

2003年11月，经省人民政府批准，撤销新江镇并入东城街道，撤销邓村镇并入贞山街道，撤销江林镇并入江谷镇；2004年撤销龙湾镇并入下茆镇，全市老区由所属的11个镇（街道）撤并为8个镇（街道）。原来的江林、龙湾、新江3个革命老区镇名称不复存在。

至2017年止，全市辖13个镇（街道），113个行政村，44个社区。其中黄田、石狗、江谷、下茆、威整、大沙、东城街道、地豆等8个镇（街道）为革命老区镇（街道）。

【革命老区建设机构历届领导成员】第一届为李牛、梁觉才、陈志远；第二届为梁觉才、陈志远；第三届为严定章、梁觉才、李达明、邓荣康、黄玉城；第四届为严定章、梁觉才；第五届为严定章、罗国强、赖常达、胡永盛、陈妙嫦、陈永红、苏燕飞、叶耀新；第六届为雷秀英、罗国强、雷国标、陈建国、梁灶华、黄志坚、冼一兵。

第二章

工农革命　风起云涌

第一节 马克思主义在四会的传播

中共四会县组织，是中国共产党的一个基层组织。在新民主主义革命时期，在上级党组织的领导下，领导着四会人民英勇斗争，为四会县人民的解放和革命胜利，做出了重要贡献。

中共四会县组织是中共广东区委根据当时四会的政治经济情况和革命斗争发展要求而建立的。

第一次世界大战后，四会县的民族资本主义工商业开始兴起，职工人数随之增加，四会县地处珠江三角洲的边缘地带，靠近广州、佛山等大中城市，又是广宁、怀集两县柴、竹、杉等山货的集散地和来往省港澳的必经之路。加上四会县是一个侨乡，外出谋生的乡民和华侨及港澳同胞众多，因此，马克思主义得以在四会迅速传播，各地人民的革命思想和斗争浪潮很快便波及四会。四会县的工人、农民饱受帝国主义和地主、资本家的剥削和压迫，在各地人民革命斗争浪潮的影响和推动下，也纷纷起来斗争。四会工人阶级的诞生和工人觉悟的提高，为中国共产党在四会建立基层组织奠定了阶级基础。

1921年7月，中国共产党成立后，广东工农运动蓬勃发展。四会县的工人、农民也积极行动起来，组织工会、农会，为争取自身的权利和解放而斗争。最先站出来的是四会县的理发工人，他们在省理发工会的帮助和指导下，从1921年冬开始筹建工会，到1922年4月成立了理发工会，这是四会县最早成立的一个进步工人组织。1923年秋，四会又相继成立了碾谷（包括搬运工人和码头工人）、扎运、烟丝、酱料、车缝等行业工会。此后，四会工人运动由于得到共产党员陈伯忠的指导和帮助，发展得更快，到1925年上半年，四会县多数行业都成立了工会，参加各行业工会的工人达1000多人。当年"五一"国际劳动节，四会各行业工会组织工人2000多人进行示威游行，沿途高呼"打倒帝国主义""打倒军阀""打倒土豪劣绅""全世界无产者联合起来""工人阶级大联合万岁"等口号，显示了四会工人阶级的政治觉悟和强大力量。

四会县的农民运动从一开始就是在共产党员和历届农民运动讲习所学员的领导和发动下开展的。1924年7月至1925年12月，第一至第四届广州农讲所，先后有陈伯忠（第一届），郑金、郑耀南、梁文典（第二届），周培（第三届），李炳蕃（第四届）等6人参加学习。1924年9月12日，黄田江头乡农会和农军，在国民党中央农民部特派员、共产党员陈伯忠的领导和发动下宣告成立。同年底，江头乡附近的村心、榄洞、洛口等乡村的农会和农军，也在陈伯忠的帮助下相继成立。黄田镇江头乡农军还在陈伯忠的领导下，于1924年底至1925年初，先后出征带洞、潭布，同当地农军一起反击破坏农会、镇压农运的地主民团武装。1925年春，农民运动向绥江下游的清塘、大沙一带发展。黄岗、白沙两乡的农民，在当地农运积极分子陈璧如、唐少彬、彭拔英等人的发动和带领下，积极进行农会和农军的筹备工作，并先后于同年6月和8月成立了农会和农军。同年底，农民运动已在全县范围内开展起来。四会县工农运动的发展，为中共四会县组织的建立创造了有利的条件。

四会县党组织的创建，也同共产党员周其鉴、陈伯忠、彭湃等人的活动和努力分不开。陈伯忠是黄田江头乡人，1921年，他在广州读书时，因受五四运动的影响，就积极参加各种社会活动。1923年暑假，他参加了由共产党员周其鉴组织的学生宣传队，到黄田江头等地进行宣传，播下了马克思主义和工农革命思想的种子。1925年1月下旬，共产党员彭湃为支援广宁农军与潭布地主民团武装的战斗，从广州运送一船枪支弹药到广宁，途经黄岗时，与当地的革命人士陈璧如交上朋友，为四会的建党工作培养了建党对象。同年春夏间，陈伯忠也利用回家探亲的机会（陈的爱人当时在四会北门居住），通过亲戚朋友，认识了当时在四会县从事工农运动的积极分子伍明生、李木、李炳蕃、陈璧如、唐少彬、彭拔英、彭焯等人，指导和帮助他们开展工作，并对他们进行共产主义宣传教育。这样，就为四会县发展中共党员、建立党组织培养了一批积极分子。

第二节 中国共产党组织在四会的建立和发展

陈伯忠，年轻时在广州求学，积极追求光明。1923年春，陈伯忠加入社会主义青年团。当时，广东区团委决定建立社会主义青年团广东的外围组织"广东新学生社"，陈伯忠作为省立一中学生会骨干参加了"广东新学生社"的筹建工作。

1923年冬，陈伯忠参加了改组的广州学生联合会的工作。在党的教育培养下，陈伯忠光荣地加入了中国共产党，按党组织的指示，以个人名义加入国民党，并当选为国民党广州市第七区党部的执行委员。那时，国民党内部两派斗争激烈，在每次执委会及党员会议上，陈伯忠都义正词严地与反动的国民党右派做坚决的斗争。

1924年4月，周其鉴、罗国杰、胡超等在开展农民运动时，缺乏活动经费。陈伯忠得知后，立即发动留省学生捐款。在他的带动下，捐集白银近300两，有力地支持了农会的筹备工作。1924年7月，陈伯忠毅然放弃学业，参加了由中国共产党在广州开办的农民运动讲习所第一届讲习班的学习。这期间，他认识了彭湃、阮啸仙等农民运动领导人。在彭湃等同志的指导下，他认真学习了农民运动的理论和经验，并深入到广州市郊区向农民宣传。共产党员陈伯忠被委任为国民党中央农民部特派员，回到四会、广宁与周其鉴等共同领导农民运动，并参加中共广宁支部的领导工作。

按照组织的决定，陈伯忠被分配回家乡黄田地区开展农运工作，回到江头乡上寨村。是年，由于年景不好，他家许多债户、佃户要求减租，陈伯忠都欣然同意，并对他们说："你们报个数给我就得了，以后也不用交还。"他记住各佃户、债户所报的数目，回去对管家陈修安说，我已收过某某的租、某人的债，你不用再追他们了。就这样，陈伯忠把许多债户、佃户的欠账一笔勾销了。

1924年早造，因台风洪水灾害，农业歉收，地主豪绅却催租逼债不断。针对这个情况，陈伯忠把佃农、债户请到家里来，动员大家组织起来，建立农会，实现耕者有其田。经过夜以继日的深入宣传发动，江头及附近村庄的农民觉醒了，纷纷要求参加农会和农民自卫队。至9月上旬，在江头乡就有陈子英（伯贤）、陈家楠、陈积荫（陈子贤）、陈善心、陈达英、陈伯能、陈家皇、陈桂林、陈美恩、陈家芬、陈金妹、陈善才、陈家祯、许天才等参加了农会。参加农会的农民占本乡人数80%以上。为了使组建农会的工作顺利进行，陈伯忠把数十名青年积极分子组织起来，建立农民自卫军。他不但把家里6支长、短枪拿出来交给农军使用，还耗资数千银圆，派人外出秘密购买10支长枪和一批子弹，用于江头乡农军武装。

1924年9月12日，在陈伯忠的主持下，四会县第一个乡级农会——江头乡农民协会宣告成立，同时建立农民自卫军。成立大会在上寨村朝谷陈公祠前的地坪上举行，祠堂前门两侧贴着红绿标语，地坪前插着一杆犁头旗。到会的有黄田地方各乡的农民代表和来自西岸、洛口、马迳、榄洞等四乡八寨的农民代表400多人。广州农讲所教员、海陆丰农运领袖彭湃，广宁县农会领导人周其鉴等人出席了大会。在"打倒列强，打倒列强！除军阀，除军阀！农民革命成功，农民革命成功！齐欢唱，齐欢唱"

的歌声中，陈伯忠从祠堂门里走出来，用洪亮清晰的声音宣布："十二区江头乡农民协会成立庆祝大会现在开始！"接着，陈伯忠发表热情洋溢的演讲，宣传革命道理和党的农运政策，号召农民组织起来开展革命斗争。江头乡农会领导人是陈子英、陈子贤、陈善森等，农会会址设在朝谷陈公祠内。会上，陈伯忠把自家佃户、债户的欠账一笔勾销，并当众把田契和借据全部烧毁，当众宣布，佃户以后不用再交租。当天，陈伯忠母亲非常高兴，拿出数担谷子，碾米做饭给大伙聚餐庆贺。会后，参会人员举行了游行。游行队伍经江头、黄田圩、上岗、下岗、洛口，声势浩大，震撼群山。江头乡农会的成立，大大地鼓舞了黄田各乡农民，农民纷纷要求陈伯忠前去帮助他们组织农会。于是，陈伯忠就带领陈子英、陈积荫、陈扁等积极分子到附近的村心、榄洞、洛口、西岸、进步等乡村进行广泛宣传。他们头戴竹帽，身穿粗布衣服，走遍村村寨寨。每到一地，都在农民家里食宿，与农民一起劳动，得到农民的信赖和拥护。在他们的努力下，到1924年底，黄田各地乡村农民协会陆续建立，农民运动的烈火燃遍绥江两岸。

1925年9月，陈伯忠以国民党中央农民部特派员的身份到四会县领导工农运动和建党工作。回到四会后，便按照中共广东区委的指示，在领导农民运动中，抓紧对伍明生、李木、陈璧如、唐少彬、彭拔英等工农积极分子的培养教育工作。10月，他介绍彭拔英、李炳蕃等参加共青团，并在四会建立了共青团支部。到11、12月，他先后介绍了陈璧如、伍明生、唐少彬、李木等4人入党，这是中国共产党在四会发展的第一批共产党员。1925年底，中共广东区委决定在四会成立党支部，指定陈伯忠任支部书记，党员有陈伯忠、陈璧如、伍明生、唐少彬、李木等5人，四会第一个党支部在陈伯忠的组织推动和领导下诞生了。

中共四会支部成立后，陈伯忠继续抓好党建工作和对建党对象的培养。陈伯忠对建党对象的培养教育工作是十分认真和扎实的，他带领对象到工农群众中进行宣传发动，在实践中考察，组织他们学习培训，进行共产主义思想教育。1926年1月，他亲自带领建党对象到广州参观农讲所和黄埔军校，进一步提高他们的政治觉悟和工作能力。1926年3、4月间，陈伯忠在工农运动骨干中先后吸收了邓村农会负责人申金连和彭焯、莫石加入了中国共产党，又介绍彭拔英、李炳蕃、雷锡南、麦炳炎等人，经过一系列手续从共青团员转为共产党员。

大革命失败后，中共中央于1927年8月7日在汉口召开紧急会议，总结了大革命失败的经验教训，彻底清算了陈独秀右倾投降主义的错误，确定了土地革命和武装反抗国民党反动派的总方针，并把发动农民举行秋收起义作为当前党的主要任务。八七会议后，中共广东省委根据会议精神，派出一批干部加强各地党组织的领导。

1927年9月间，因"江家祠事件"，从四会转到香港的共产党员赖谷良被派回四会，秘密成立中共四会县委，赖谷良任县委书记，领导全县党员和人民群众继续同国民党反动派进行斗争。1928年1月，赖谷良调离四会，省委派陈强任中共四会县委书记。

2月，中共广东省委决定在农村组织农民暴动，要求西江北岸地区以广宁为中心扩大到高要、四会一带，成为一个割据局面。当时，黄田江头农军30多人为反抗国民党反动派的血腥镇压，在共产党员陈子英、严子瑜和张振尧的领导下，实行武装暴动，挺进五指山，在村心山坑的一间山厂建立立足点，以武装反抗国民党反动派的镇压。中共四会县委为响应省委关于组织农民暴动的号召，曾派党员李木到五指山协助陈子英等领导好这支农民暴动队伍。

4月，中共四会县委召开了第一次扩大会议，选出了新的领导班子。陈强、赖世森、杨木、张大芳、程生、李灶、宋秀山、叶宗三、吴自新等9人为委员，陈强、赖世森、张大芳、程生、杨木为常委。会议认真分析了当时的形势，决定整顿四会的党组织，由碾谷、理发、咸杂三个支部组成一个区委，由程生兼任区委书记，委员有马展云、宋秀山，以加强对工人运动的领导。这次扩大会议还根据形势和任务做出以下七项决议：（1）加强城市党组织的建设，决定在龙桥、新龙街、高街、仓岗和大沙圩等处建立党支部；（2）设立军委，由张大芳担任军事主任，派党员到警察所、护航队、游击队去开展士兵工作，争取控制樊六民团，并请省委派人前来协助；（3）龙头乡农民党员出四会城训练；（4）扩充兴顺、黄岗、藤村（即邓村）三个村支部，整顿清塘和陶塘支部；（5）要求各支部掌握情况，详细调查工农兵目前生活及其他的情况，准备做发动工作；（6）每星期油印出版一次工农小报；（7）加强对四会各行业党组织和党员的组织工作，要求在原有已经设立的区委和支部的基础上，把各行业的党员按职业编组党支部或党小组。县委扩大会议后，参加会议的同志分头到各地去贯彻扩大会议精神，健全基层党组织，整顿和发展秘密工会，宣传和发动工农群众继续斗争。

5月28日，四会县委在四会领导共产党员和工会会员秘密张贴了两次标语，散发了一次传单，通过宣传发动群众，号召工人"团结在中国共产党之下来奋斗"，大大地鼓舞了群众，打击了敌人的反动气焰。这次标语传单张贴和散发后，四会的国民党反动派甚为惊慌，马上宣布四会全城戒严，每日派警察搜查客栈数次，四会至河口的轮船亦戒严搜查。一些警察因此提出辞职。

6月11日，广东省委根据四会县委书记陈强的口头报告，就职工运动、农村中的民团运动、党务工作等问题，致信四会县委，并对四会县委做了六点指示。

7月，四会县委根据广东省委6月11日的指示信，进行讨论研究，制定了贯彻执行措施并做了不少工作。但由于指导思想不够明确，工作方法也不甚合适，加上四会县委于5月28日在四会组织了贴标语和散发传单的行动，敌人加强了镇压措施，县委领导机关被敌人破坏，党的领导活动处于沉寂的状态。

8月9日，广东省委根据四会县委领导人的口头汇报，就四会县委本身的组织问题、领导农民暴动及兵运工作等问题，再次指示四会县委，"以后县委除注意发展城市工作外，还要找出重要的乡村，作为发展乡村工作的中心。指定几个同志积极到乡村中去活动，利用各种原始的方法发展农民组织，然后吸收比较觉悟的分子，成立农村支部，使其与城市工作相适应，以打破四会工作的沉寂，而走进新的发展道路"，"有关兵运的方法亦要注意，要提高警惕，吸取汕头、英德等地教训，不要上当"。

12月6日，县委书记陈强调离四会，由程生接任县委书记。不久，县委再次遭敌人破坏。

第三节

四会农民运动的兴起

1923年7月，惠州农民联合会改组为广东省农会。在这个阶段，共产党员周其鉴、罗国杰正积极投身于工人运动。发展迅速的工农运动深深地影响着一批广宁县留穗学生和工人的思想。同年秋，留穗学生陈伯忠就利用暑假邀集同学10余人回乡，在四会从事教育农民的工作。他们向农民介绍海丰农民组织起来的事迹，鼓励贫苦农民要像纸厂工人那样建立自己的组织，争取自身的利益。是年底至1924年初，担任广东油业工会秘书的周其鉴，先后派出广宁籍职员胡超，广东油业工会会员薛六、张秋、严培等20余人，从广州返回四会，从事组织农会的宣传发动工作。

1924年4月10日，周其鉴率领胡超等从广州返回广宁，到达江屯，先期回乡的罗国杰以及其在省里所联络的负责农民运动的筹办员也都来到江屯，便在11日召开筹办员会议，商讨成立广宁县农会筹备处的有关事宜。会议确定了宣传口号与办法，宣传口号为："抵抗老番（帝国主义）！抵抗不良军队！反抗不法地主！反抗劣绅！防御土匪！农民快团结起来！"明确提出了反对帝国主义、反对封建主义。宣传办法是：先由周其鉴、罗国杰、胡超在江屯、潭布、石咀、社岗、古楼营、井屈、荷木咀、螺岗圩期演讲，同时由各筹办员先行回本乡黄田镇岗头村宣传，挨家挨户谈话，更旁及亲戚朋友及附近乡村。各筹办员以更大的精力，分头深入山乡进行宣传发动。从此，农民运动在广宁、四会县城乡展开。经过10天的工作，踊跃报名加入农会的农民达3000人，并成立了江屯、潭布、拆石、螺岗、荷木咀5个分区农会。

各地农会的纷纷建立，农会会员的与日俱增，出乎地主劣绅们的意料，触动了地主劣绅的利益，地主阶级与农民的矛盾日益尖锐与表面化，各地的地主劣绅对农会的态度从观望转为敌视，不择手段地进行破坏。

6月23日，顺德县农会致电广宁农筹处，声援广宁农民运动，并于26日函电国民党中央农民部和广东新学生社及电请广东省政府声援广宁农民运动。此后，省内不少单位和团体致电、致函声援。周其鉴等人深入各区乡张贴省政府支援农民运动的布告，大力揭露地主劣绅破坏农会、残害农民的罪行。农会会员和农民群众得到省政府和省内各界人士的支持，加上农会职员的大力宣传，农民群众觉悟显著提高，即时精神大振，纷纷加入农会，从而恢复和发展了农会组织，又有8个区成立了区农会。形势发生了有利于农会的变化，促进了农民运动的发展。

8月11日至13日，周其鉴、陈伯忠、罗国杰、王世禄、谭鸿机等在带洞举行了一次重要会议。会议总结了之前农民运动的经验教训，着重制定了推进农民运动的策略和步骤，由周其鉴负责继续巩固和发展农民运动已开展的地区，由陈伯忠、罗国杰到石涧、带洞、黄田、石狗等地扩大和发展新区的农民运动；对于地主豪绅势力暂时还比较大的江屯、潭布两地的农民运动，继续采取秘密活动的方式。会议研究和决定了在迅速扩大农民协会组织的基础上，成立全县农民协会，以便更好地领导全县的农民运动。后来农运斗争实践证明，带洞会议是一次重要的带有战略转折性的会议，会议做出了比较符合当时革命斗争实际情况的纲领性决策。会后，农民运动席卷全县，尤其是在新开辟的绥江两岸广阔地区，如火如荼地迅猛发展，大批的区乡农会接连成立。农民协会迅速集结了更大的力量，扩展了农会组织，控制了大片地区，掌握了斗争的主动权，为组建全县农民协会、推进全县农民运动奠定了基础。

在广宁县农民协会成立之际，广东革命政府平定了帝国主义走狗广州商团的叛乱，进一步坚定了各地农会会员进行经济斗争的信心。按照广宁县农会第一届代表大会关于开展减租的决议，从10月下旬开始，首先在已成立农会的地方实行减租，随后减租运动便如野火般迅速在全县蔓延开来，由此引发了一场减租与反减租的斗争，一方是由大元帅府铁甲车队等大力支援的县农会军事委员会及其领导的县农民自卫军，一方是地主阶级及其反动武装。斗争复杂、尖锐、激烈，时间长达3个月，到1925年2月16日，以农民协会取得胜利而告一段落。大部分地主被迫服从农会决议，农民协会声威大振。原来因民团进攻而被毁或因此停顿工作的各级农会机构纷纷恢复活动，同时新建立了一批农会组织。全县共有25个区239个乡成立了农会，会员66122人，占全省农会会员总数的10.5%，广宁县农民运动进入了高潮，并处于全省农民运动的前列，仅次于海丰县。

广宁县欣欣向荣的农民运动，直接影响到黄田、江谷、石狗、威整、江林等相邻乡镇，各地纷纷开展农民运动，建立农会，进行减租减息斗争，更重要的是锻炼了四会县一大批领导群众运动的工农干部，陈伯忠、赖西畴等具有坚定意志的同志就是这时候成长起来的，对四会县的农民运动具有重要影响。

第四节 国共合作时期的革命斗争

1926年2月，在以陈伯忠为首的国民党筹备委员会的努力下，国民党四会县党部成立，陈伯忠为主要领导人。共产党员陈璧如、唐少彬、伍明生、莫石以个人身份加入，并分别担任监察委员、农民部部长、工人部部长和商业部部长，青年团员黎佩云、吴彩麟、黄伟昌、黎永汉任县党部执委，党部设在四会城北门的矜育善堂。

1926年3月，中共广东区委决定将中共四会支部改为特别支部（以下简称"四会特支"），陈伯忠任书记。同时，中共广东区委调来赖谷良、李一伦等党员，又把江蕙芳派回四会（江后来叛变），从而大大增强了四会党组织的力量。

四会特支和国民党四会县党部成立后，四会的工农运动在以陈伯忠为首的四会特支的领导下，以国民党县党部的名义公开进行发动和组织，全县范围内迅速发展，各区乡又发展了一批党员和工农运动积极分子。

1926年5月，四会特支在县城洪圣庙举办了一期农民运动骨干训练班，对农运骨干进行党的宗旨和农运斗争策略的教育。之后，四会特支在这批农运骨干中吸收了赖西畴、潘仁甫、潘标、江荣、莫庭淦、赖世森、张大芳（另黄岗有两人）9人入党。到1926年7、8月，四会特支已有党员20多人。

到1926年上半年，工会组织已经从理发、碾谷、咸杂等行业发展到所有行业。成立农会的区乡也从黄岗、白沙迅速发展到邓村、陶冲、龙头、宜兴、贺岗、社保、罗湖、南塘等乡，近2000户入会，80%的区乡已经成立农会或农筹处，大多数同时成立农民自卫军。6月，县农筹处成立，筹备处在会城洪圣庙办公，由唐少彬、雷锡南、彭拔英负责。当年夏天，在四会特支的领导下，广东省四会工人联合总会宣告成立，李木任总工会主任，梁三九等为委员，潘仁甫任秘书，会址设在四会城矜育善堂。4月25日，四会特支书记陈伯忠和特支负责妇运的领导人黎佩云在县城召开妇女解放协会会员大会，宣布广东妇女解放协会四会分会成立，动员妇女参加工农运动，为维护妇女本身权益而斗争。

陈伯忠在领导四会工农运动中十分注意以自己的言行去影响和教育周围的同志，他下乡宣传时衣着朴素，一身农民打扮，一到农村就慰问贫苦农民，食宿在农民家里，与农民一齐参加劳动。在途中或驻地对随行人员讲革命道理，教育身边的同志说："我们要想革命成功，必须深入劳苦大众之中，了解民间疾苦，与人民打成一片，不这样，人民就不信任我们，何以能为民解忧？"在教育身边同志的同时，陈伯忠还经常拿自己的钱帮助同志和支持革命。在一区白沙乡进行宣传工作时，陈伯忠见到该乡农会骨干严习仪家庭生活困难，为使严安心工作，他每月送6块银圆给严习仪抚养母亲。四会农筹处成立初期，活动经费不足，他不声不响地拿出100多块银圆交农筹处作经费，大家还以为是上级拨来的。陈伯忠言行一致并拿钱支持革命的行动，令与他一起工作的同志非常感动。

1926年10月24日，中共四会特支在陈伯忠的领导下，以国民党县党部和县农筹处的名义，在县城召开各界人民团体代表会议，提出"取缔县、区民团组织"的议案。民团组织是反动县长李民欣组织的反动工具。李民欣操纵其爪牙张杰臣、李聚泉等人，先暗中令全县52个堡的民团派遣32个团丁，伪装各堡的公民代表，在大会开幕式上持枪械冲入会场，企图制造事端，破坏大会的顺利进行。大会主席陈伯忠早有预料，宣布凡代表者佩戴胸章，无胸章者无发言权和表决权，同时还邀请了部分村的农军进城维持会场秩序，使大会顺利地通过了"取缔县、区民团组织"的决议，有力地粉碎了李民欣的阴谋。

1926年10月29日，陈伯忠和赖西畴两人来到蕉坑宣传发动群众后，路过龙王庙时，发现前后都有可疑人员。这时他俩赤手空拳，想尽可能避免与他们接触，可是他们还来不及躲避，就遭到埋伏在那里的李彬、谢文、潘玉等歹徒的袭击。二人面对敌人的枪口，大义凛然地训斥歹徒的罪恶行径，与他们进行了你死我活的搏斗，终因寡不敌众，被他们捆绑后推到龙藏口杀害了。歹徒们把两人绑上石头抛入了漫水河中，企图沉尸灭迹。是年，陈伯忠年仅26岁，赖西畴31岁。

11月1日，县农筹处派雷锡南，县党部派赖谷良、唐少彬等人，会同县署游击队11人和协同国民党军队数人，入迳口搜寻陈伯忠、赖西畴遗骸。3日，由县署督队到三丫口起运陈伯忠、赖西畴两位同志遗骸返县城，并在县城学宫门口举行追悼会。参加追悼会的工农群众约有1万人，共同声讨李民欣，要求惩办凶手和主谋者。陈伯忠、赖西畴两位烈士被安葬在县城金鸡岗。后来，广东区委派莫萃华来四会接替陈伯忠的工作，任四会特支书记。

1927年，蒋介石背叛革命，在上海发动"四一二"反革命政变，大肆屠杀共产党人。4月16日，四会县也出现反革命事变，反动派举起屠刀，捕杀革命群众，追捕农会骨干，当地笼罩在一片白色恐怖中。为反抗国民党反动派的血腥镇压，在广宁县农协委员陈子英等人的领导下，黄田镇江头乡的农军队伍30多人举行武装暴动，挺进大坑山（五指山东侧的山坑尾），建立据点，以革命武装反抗反革命镇压。中共四会县委为响应广东省委关于组织农民暴动的号召，派出党员李木到五指山，协助陈子英等领导这支农民暴动队伍。同年下半年，四会党组织又恢复活动，恢复了中共四会县委，继续领导人民进行斗争，直到1929年初才中断活动。这期间，黄田人民与反动派的斗争一直不断。

第五节 五指山游击区的武装斗争

　　五指山是指绥江东岸广宁、四会两县交界的广大地区，东临绥江，西是广宁的春水、排沙、潭布几个区乡，东北和东南与四会的威整、江林、江谷、上茆、石狗、黄田等广大区乡连成一片，四周都是高山密林，层峦叠嶂，五座山峰连绵起伏形如五只手指，俗称"五指山"，其中最高的山峰海拔750多米。而位于四会县西北部黄田镇榄洞东北角的五指山峰之一，海拔600多米，山峰挺拔，沟壑纵横，树木参天，云雾缭绕，是建立革命根据地和开展游击战的好地方。

　　1927年4月，四会的反动军队和民团如狼似虎地窜到黄田江头、信步等地捕杀共产党员和镇压黄田农军，接着他们又袭击了四会各地的工会、农会，制造白色恐怖，使正在蓬勃兴起的四会工农运动受到挫折。

　　共产党人和工农群众就是吓不倒、杀不绝的，星星之火可以燎原。1927年8月7日，中共中央在武汉召开紧急会议，确定了土地革命和武装反抗国民党反动统治的总方针，并把发动农民、举行武装暴动作为当前的主要任务。9月，广东省委派共产党员赖谷良到四会重建四会党组织，成立了中共四会县委员会。

　　1928年2月下旬，四会县委派共产党员、总工会主任李木到黄田江头、信步等大革命时期群众基础较好的地方开展革命活动。李木在黄田找到了陈子英、张振尧等一批农运骨干，和他们一起到黄田各地串联，发动农民，重新组建一支30余人的农民武装队伍，准备与螺岗暴动失败后撤退到罗汶、曲水的广宁农军以及广宁派来的农军谭洪、谭祥会合，联合举行武装暴动，以武装反抗国民党的反动统治。

黄田农军的秘密活动很快就被四会的国民党反动政府觉察了。1928年4月上旬，土匪出身的反动民团头子樊六、刘世邦率土匪和民团100多人向黄田江头扑来，企图一举歼灭农军。好在农军也早已掌握了敌情，当敌人气势汹汹扑来的时候，农军早已安然无恙地转移到五指山。这帮凶残的家伙没抓到一个农军，便恼羞成怒，打家劫舍，奸淫掠夺，同时下令按搜查到的农会名册，逼迫参加过农会的农户每户交40元大洋，没有大洋的用财物抵押。100多名民团土匪在上司的指使下，大肆敲诈勒索，无恶不作，顿时把黄田江头、信步等几个村庄搞得乌烟瘴气，怨声四起。

1928年4月下旬的一天，黄田反动乡长张文桢和民团头子刘世邦带着民团数十人，再次向五指山进犯，企图"进剿"五指山农军。五指山农军领导人李木、陈子英等获悉后，立即派了两个小分队分别埋伏在通往五指山的小路两侧，并派了一个青年农军爬上附近的一棵大树设岗瞭望，及时报告敌情，准备迎击来敌。民团来到五指山下，看到四周都是高山密林，遮天蔽日，山路回环曲折，地形相当复杂，害怕被农军伏击，不敢再前进。民团团长刘世邦便命令部队在五指山下的王爷庙前休息。

这时埋伏在山路两侧的农军小分队严阵以待，开始以为敌人是要搜山，可是枪声响了一阵后又沉寂了。陈子英、李木等知道敌人是害怕中埋伏，不敢真搜山。于是，农军决定趁他们拉队撤走时来个两面夹击，打他个措手不及。过了一会儿，张文桢和刘世邦果然拉队撤走，埋伏在王爷庙两侧山窝里的农军突然从山坡冲下来，一齐向民团开枪，打得民团抱头鼠窜。

这支农军在五指山区活动一个多月后，终因粮食弹药供应困难而被迫解散。这次农民暴动，有力地打击了国民党反动派的嚣张气焰，也给了各地革命人民很大的鼓舞，其影响是极为深远的。

1931年6月，中共广东省委根据斗争形势的发展变化，决定将四会县党组织和广宁县党组织合并，成立绥江特别支部（后改称为"广宁特支"），负责人为谭洪泉。在四会设立一个党支部，将四会城的工人支部划归绥江特支领导。1932年12月，中共两广工委被破坏，中共中央决定将广东、广西两省党组织合并，成立广东、广西临时工作委员会。两广临时工委决定，将绥江特支改为西江工作委员会。1933年1月，又将西江工作委员会改为绥江工作委员会。此后，由于白色恐怖日益严重，绥江工作委员会停止活动，四会党组织的活动也被迫中断了。但是，四会县的边远山区和周边乡村的革命烽火并没有熄灭，革命斗争锋芒直指当时腐败的反动统治，为革命火种的传承做出了积极的贡献。

第三章

抗战烽火　燃遍城乡

第一节 抗战初期的抗日救亡运动

1937年7月7日，日本侵略军向北京郊区卢沟桥发动进攻，开始了全面侵华战争。

7月8日，中共中央发布《中国共产党为日军进攻卢沟桥通电》，号召全中国同胞和军队团结起来，筑成民族统一战线的坚固长城，抵抗日本的侵略，并指出："平津危急！华北危急！中华民族危急！只有全民族实行抗战，才是我们的出路！"在共产党的领导下，全国各地掀起了抗日救亡运动的高潮。从此，中国革命进入了抗日战争的新时期。

1937年9月，大革命失败后转移到香港进行隐蔽革命活动的会宁籍共产党员严玉田、孔令鉴、王伯琰、陈子贤等人，接受中共南方临时工委的指示，改组香港会宁同乡会，争取会宁同乡会主席周颂庭（广宁人）和副主席严为善（四会人）的支持，以会宁同乡会的名义，组织回乡服务团，回乡开展抗日救亡宣传活动，恢复和重建四会、广宁两县党组织，武装保卫家乡。严、孔、陈等人四处发动进步青年报名。在澳门，孔令鉴找到大革命时期转移过来的广宁籍共产党员王作芝协助组团工作，王作芝推荐在澳门的广宁籍青年欧新参加。经过几个月的努力，至11月底已有严玉田、孔令鉴、陈子贤、欧新、徐曼秋、王伯琰、黎伊凡、严道权、陈瑞芬（四会下茆人）、潘莱蔓、陈青等17人报名参加，其中有5名共产党员。陈子贤、严道权是四会人。同时募捐到一批衣物、药品和活动经费，筹备工作进展顺利。1937年12月初，侨港会宁同乡会回乡服务团在九龙会宁同乡会会馆举行成立大会，中共香港党组织派出杜埃参加并作重要讲话。大会推举会宁同乡会副主席赵扶生为领队，孔令鉴、陈子贤为正、副团长，彭泽民为顾问。严子瑜、王作芝分别负责香港、澳门两地的联络工作。

1937年12月24日，服务团全体团员在赵扶生、孔令鉴的带领下回到四会县城，总部设在慈惠医院，受到四会各界人士的热情接待。服务团以四会城为中心，开展抗日救亡宣传活动。这期间，吸收雷锡南、巫镜池、伍更生、黄惠英等人参加服务团。约一个星期后即1938年1月初，侨港会宁同乡会回乡服务团为了便于工作，分成两个分队，一队到广宁，由欧新任队长；另一队留在四会，由陈瑞芬任队长。他们深入到两县的广大城乡，向广大群众进行抗日救亡宣传，同时开展社会救济工作。服务团内的共产党员在活动中还考察积极分子，秘密寻找大革命失败后留在当地的共产党员，为恢复和重建两县党组织创造条件。

1938年初，侨港会宁同乡会回乡服务团来到黄田江头乡，群众知道是自己的亲人回来家乡宣传抗日救国，非常高兴，大家奔走相告：共产党回来了。服务团里有参加过第一次国内革命战争的共产党员陈子贤、孔令鉴，还有欧新、黎伊凡和后来的谢福球、李强等。那时，服务团的同志住在朝谷陈公祠，吃在陈子英家，他们在黄田一带和四会、广宁两县的其他乡村召开群众大会，并通过演讲、表演歌剧、张贴标语传单和办夜校、办谈心会等方式，宣传发动群众抗日救国。这些宣传，深受群众喜爱，收到较好的教育效果，特别是歌剧《我的家在松花江上》的公演，对群众教育最为深刻。观看歌剧的许多群众都悲愤流泪，情绪激昂，不断高呼"打倒日本帝国主义""打倒汉奸卖国贼"等口号。通过宣传，黄田一带群众抗日救亡情绪日益高涨。

1938年4月下旬，服务团由孔令鉴带领，再次返回四会、广宁开展工作，仍然分四会、广宁两个队进行活动。服务团通过演戏、教唱抗日救亡歌曲、出墙报、画漫画、举行座谈会等形式宣传抗日救国，同时，还赈济困难群众。服务团特别支部还肩负着恢复和重建会、宁两县党组织的任务，寻找大革命时期留下的党员，物色建党对象，发展新党员。经过几个月的调查了解和考察培养，会宁华侨回乡服务团特支先后在会、宁两县恢复龙焯南、冯二骚、陈子英、伍更生、伍学桢、蔡发尧、谢福球等20多人的党籍，发展巫镜池、黎伊凡、陈应新等一批新党员，并在广宁石涧、扶罗、排沙、带洞、江屯、黄田和四会的黄岗、九脯、下茆、白土等地建立党支部或党小组。1938年11月，中共西江临委根据会、宁两县党的发展情况和斗争需要，决定成立广宁中心县委和四会特支，陈德任四会特支书记。通过四会的国民党政府，公开动员群众，组织一支近百人、配备几十支长短枪的抗日自卫队，由特支党员、服务团副团长陈子贤（原江头农军副中队长）兼任队长，党员雷锡南任书记长。

在黄田，大革命失败后转移到马来亚的陈子英带上妹妹跟随会宁华侨回乡服务团回到老家黄田江头乡，同时到达江头的还有李强、陈昌培、关以韶、陈修宜、叶金意等10多人。陈子英动员进步青年陈伯康参加革命工作，组织陈伯康、陈亚水、陈金娣、陈彩妹、陈桂妹等跟随回乡服务团到沙塘坑、黄田、洛口、信步等村召开群众会议，演唱抗战歌曲，演出街头话剧，揭露日本侵略军惨无人道的烧、杀、抢、奸的暴行，反映东北和华北沦陷区人民家破人亡、流浪他乡的悲惨生活，大大激发了人民的抗日热情。回乡服务团开办夜校，开展抗日宣传活动，使"坚持抗战，反对投降"的抗日口号深入人心，人民群众纷纷起来破坏白泥口等公路，阻止敌人车马通行。

随着黄田一带抗日救亡运动的深入开展，服务团和群众的经济生活遇到很大的困难。他们发现黄田一带有金矿，大家可以去挖金。陈伯康和陈福运带头与群众一起，先到江头的地豆崀山去挖，没有挖到。随后转到黄田荔枝岗去，在那里挖了一个很深的井，终于发现金砂。大家把金砂挑到绥江河里洗淘，果然淘出真金。为激发群众挖金度荒的积极性，服务团的一位团员就创作了一首民歌，叫《淘金歌》，歌词是："淘，淘，淘，淘金砂，淘得金砂献国家，国家拿去买枪炮，打倒日本仔，保卫我中华！"这首歌一直激励着群众淘金自救，生产不忘抗日救国，既促进农民挖金的积极性，又提高农民抗日救国的自觉性。

第二节 抗日宣传活动的深入开展

　　1938年10月21日，日军占领广州。在中国共产党广东省委青委的领导下，广东青年抗日先锋队共400多人，在中共广东省委青委副书记梁嘉等人的率领下撤出广州，于10月25日到达四会县城近郊的凤翔山（今凤山塘一带）。同时撤到四会的还有广州壮丁社训队、广州锋社、春蕾剧社、中大服务队等抗日救亡团体。这些团体都是受共产党领导和影响的，主要成员和骨干大多数都是共产党员。10月27日，广东青年抗日先锋队在四会县城郊凤翔山江坪寨召开临时代表大会，决定成立总队部和东江、西江、北江、中区共4个总队办事处，选举邓明达为总队长，梁嘉、陈恩为副总队长，同时把队员编成33个战工队（抗先队的战时工作队的简称）。根据会议决定，11月1日，广东青年抗日先锋队总队部在广宁设立。会上，健全了抗先队的领导机构，委派总队部常务委员黄泽成为会宁特派员，代表总队部指导广宁、四会两县的抗先队。广东青年抗日先锋队深入会、宁两县的各个战工队，与广大民众打成一片，切实开展抗日救亡宣传工作。他们运用歌曲、文艺演出、演讲、游戏、标语、墙报，办识字班、妇女班、夜校等各种形式宣传发动群众。他们与群众一齐学习抗战形势，讲述八路军、新四军英勇抗战的事迹，教唱《全国总动员》《义勇军进行曲》《流亡三部曲》《大刀进行曲》《游击队歌》《在太行山上》等歌曲；演出街头戏《放下你的鞭子》、造型歌唱

《松花江上》；向群众演讲抗战形势，号召大家起来一致抗日，不做亡国奴，打倒日本帝国主义，打倒汉奸卖国贼。

1939年3月中旬的一天，四会城经过了连续数日的阴风冷雨之后，阳光普照，大街小巷的行人熙熙攘攘。会宁华侨回乡服务团正在中山公园进行宣传演出；清塘、陶冲、陶塘一带的数百名群众抬着"阮公佛"，前呼后拥地在高观街游行，祈求佛爷保佑社稷安宁。突然，呜——呜——呜地响起了一阵急促的空袭警报声。霎时间，街上行人挤拥、混乱，个个都忙着寻找地方躲避，簇拥着"阮公佛"的人们也顾不了许多，把"阮公佛"扔在街上，各自找地方躲藏去了；钱庄、银行、店铺都纷纷关门，整个四会城乱成一团。正在中山公园演出的会宁华侨回乡服务团和住在高观街陈家祠的锋社话剧团的抗宣队队员听到空袭警报后，知道敌机快要来轰炸了。此时，他们在共产党员黎伊凡、邓茵、李悲而、李门等人的带领下，冒着生命危险，走上街头，自觉协助警察指挥行人疏散，有的还扶老携幼，把他们带到安全的地方，有的甚至背着走路困难的老人疏散……

正当人们紧张疏散的时候，3架日军飞机成品字形队列，从陶塘方向飞来。敌机飞得很低，几乎是擦着附近的树梢、房顶飞来的。当它们飞到四会城上空时，盘旋了一会儿后，只听见"轰隆隆"一阵巨响，震耳欲聋。现场的浓烟、烈火、灰尘，呛得人们几乎喘不过气来。共产党员黎伊凡和一批抗宣队队员，冒着浓烟循声赶到一间被炸得只剩残垣断壁的店铺前，三步并作两步扑了进去，只见一位30来岁的男子被压在桁桷瓦砾下面，蓬头垢面，头上、手上鲜血淋漓，不停地喘息，生命岌岌可危。队员们七手八脚地把压在伤者身上的东西搬开，把伤员放在一块木板上，准备把他抬走，这时，一架敌机又俯冲下来，向着人群扫射。为了保护伤者的生命，一位抗宣队队员即刻用自己的身体掩护伤者。敌机走后,他们便迅速将伤者送到当地的慈惠医院救治。

李悲而带领几个锋社话剧团的演员,来到一间被炸塌了一半、门楣窗棂尚在燃烧的店铺前,听到里面传来阵阵微弱的呼救声,便不顾一切地冲了进去。突然,一条燃烧着的桁木掉下来,正好打在一个队员的胳膊上,鲜血像小喷泉似的涌出来。同志们劝他退出去找医生包扎。他说:"这算得什么!"说完,他从自己的衣服上撕下一块布条把伤口包扎好,又和大家一道奋力把压在货架下的一个三四十岁的妇女和一个年约10岁的女孩救了出来。这位受伤的队员还鼓励大家:"为了抗日,为了人民,死了也是值得的。"锋社话剧团的演员在他的鼓舞下,更加奋不顾身地冲进浓烟滚滚、火焰冲天的现场,把一个个死伤群众抢运出来。

在战工队的推动下,广大群众受到广泛的抗日救亡教育,抗日情绪十分高涨,四会、广宁两地抗日救亡运动迅速掀起。这期间,战工队也与群众建立起深厚的感情。1939年农历新年过后,接到上级党委的指示,抗先队的战时工作队员调往韶关执行新的任务。当地群众听到这个消息,都来挽留。临别当日,群众依依不舍,洒泪相送,送了一程又一程。

第三节

在西江特委领导下的抗日战争

1938年4月18日，中共南方工委干部扩大会议在广州召开。会议根据中共中央、长江局的指示，撤销中共南委，成立中共广东省委员会，由张文彬任书记。这次会议讨论了军事工作问题，号召共产党员军事化。会议决定各地党组织要把建立民众抗日武装作为当前的中心任务，共产党员必须积极参加民众抗日武装斗争。

会议结束不久，张文彬、梁广、李大林等便在广州举办党训班，培养和训练各地党的骨干。这时，会宁华侨回乡服务团地下党特支书记孔令鉴，恰好率领第二批服务团成员回乡参加抗日，路经广州。他通过党的组织关系参加了第一期党训班，学习有关建立民众抗日武装、开展抗日自卫游击战争的理论。学习结束后，孔令鉴立即回到四会、广宁两县，开展建立民众抗日武装的宣传工作，并深入农村，特别是深入到大革命时期农军基础比较好的江屯、黄田、曲水、石狗等地组织民众成立抗日武装。与此同时，会宁华侨回乡服务团还通过抗日民族的统战关系，与国民党地方党政要员取得联系，积极配合四会抗日民众统率委员会，把各区、乡的民众组织起来。孔令鉴等还和四会县民众统率委员会的主任委员罗昌民，到大沙、黄岗等地了解民众抗日武装的情况，加紧进行民众抗日武装的组织工作。

广州沦陷，国民党广东省政府和广东省民众总动员委员会撤出广州，部分机关经四会迁到广宁，许多原来在广州活动的抗日团体也来到四会开展抗日救亡运动。他们来到四会后都公开宣传，号召组织各地民众自卫武装，进行抗日游击战争，这就给四会地下党组织民众武装创造了许多有利条件。经过一段时间的努力，会宁华侨回乡服务团在四会协助当地政府当局，发动和组织民众武装近2000人，其中有少数是中共地下党通过服务团发动组织起来的。

"七七"抗战爆发后，在广州广雅中学读书的四会籍爱国学生陈德（后来又化名陈德伦、张原、陈志侠），在广州抗日救亡运动的爱国热潮推动下，和一批爱国学生一起到当时中共中央所在地延安的抗日军政大学学习，并于同年参加中国共产党。1938年7月，他受党组织的派遣，回到四会。初时，他在会宁华侨回乡服务团特支的领导下，负责四会党组织的恢复和发展工作，并着手建设共产党领导的抗日武装。经过一段时期的艰苦深入的工作，陈德在大沙的沙头、黄岗等地物色串联40多名青壮年，于1938年10月建立黄岗乡自卫队，并委派陈可辉和周梅生分别担任自卫队的正、副队长。自卫队建立起来之后，陈德又通过统战关系，与周东等人取得联系，在沙头、黄岗等地的"老更"手里和太祖公处借来一批枪支弹药，把自卫队逐步武装起来，并亲自把他们集中在黄岗圩背后山岗，进行军事训练和上政治课，不断提高这支抗日自卫队的军事素质和政治素质。

1938年广州沦陷前，原在广州等地驻守负责缉私、收税的广东省税警总团退到三水、四会，总团部设在四会附近的白沙乡。初期，税警总团的总团长张君嵩在全国各地的抗日救亡运动和国共合作的形势推动下表示抗日，在总团部设政训处，并由政训处处长田竺僧负责招收各地爱国青年到政训处来，组织政治工作大队，加强部队的抗日救亡宣传教育工作。西江和四会地下党组织了解到总团政训处处长田竺僧以前是中共党员，虽然曾经一度脱党，但他有鲜明的抗日倾向，是共产党的重要统战对象，可以利用他在税警总团中的职位和影响，派一批共产党员到他主持的政训处政治工作大队中去，秘密发展党的组织，并以政治工作大队的合法地位，号召各地群众抗日和教育中下层官兵，逐步把这支部队改造过来。为此，西江和四会党组织便从当时在四会抗日救亡的各个抗日团体中，物色一大批爱国青年（其中有一批共产党员），以各自抗日救亡团体的名义，参加税警总团政训处的政治工作大队。最早参加的陈少陵、李静音、鲍华等几个党员，还根据西江党组织的指示在那里秘密建立地下党支部。1939年3月，西江特委又将这个支部升格为特别支部。同时，西江特委还在中共四会特支的基础上成立了中共四会县临时工作委员会，把税警总团政训处中共特支交给四会临工委领导。

1938年12月，由共产党员陈少陵带领的正在西江地区活动的旅澳中国青年乡村服务团部分成员和以党员李静音为领队的广州市壮丁妇女队成员，经请示中共西江特别委员会同意，陆续加入省税警总团政训处。接着，会宁华侨回乡服务团部分成员和春蕾剧社、中山大学服务队等抗日团体约200多人也参加了该政训处。政治工作大队由民主人士、主张抗日的省税警总团政训处处长田竺僧任队长，并委托陈少陵、鲍华（共产党员）为上尉巡视员，负责全大队的工作。大队中有共产党员10人（陈少陵、李静音、鲍华、梁自奉、伍更生、黎伊凡、邓茵、王伯琰、何仪、巫镜池）。中共西江临委根据这一情况，决定在税警总团政训处成立中共支部，指定陈少陵任书记。

1939年1、2月间，在广东省税警总团政训处工作的共产党员陈少陵和鲍华，受政训处处长田竺僧委托，在四会白沙村对政训处全体人员进行集训和编队，把政治工作大队分为5个分队和一个艺宣队，并把他们派往邓村、龙头、下茆、大沙、上林、铁场和三水等地活动，还把党员安排到各分队去任正、副分队长，同时在各分队建立党小组，由分队长兼任党小组组长。这样，税警总团政治工作大队和各分队实际掌握在共产党手里。

1939年3月，中共西江特委（时西江临工委已改为西江特委）召开会议，决定成立中共四会县临时工作委员会。他们领导四会人民夜以继日地开展抗日救亡宣传活动。他们在圩镇的公共场所演出《放下你的鞭子》《铁蹄下的歌女》等短剧，演唱《松花江上》《大刀进行曲》《黄河颂》《全国总动员》等抗日歌曲，表演真实生动，惟妙惟肖，民众十分欢迎，并备受鼓舞。在街道村寨搞演讲，出墙报，粉刷"抗日救亡、保家卫国""打倒日本帝国主义"等抗日标语，使广大民众认清形势，抗击日本侵略者的情绪日益高涨。开办夜校和识字班，共计有50多个班，3000多人次参加学习。传授《大众哲学》《论持久战》等课程，一方面提高民众的文化知识和抗日斗争觉悟，一方面把群众团结起来，维护社会治安，推动抗日救亡工作深入开展。

1939年4、5月间，各分队在驻地挑选一批年轻力壮的有一定政治觉悟的青年农民，集中起来进行军事训练，同时讲授包扎医疗知识，学习抢救伤员技能，每处一般有60至70人，前后共组织近5000名青年参加。各分队还以驻地为中心，组织一次群众性的"空室清野"演习，对加强防备敌人入侵起了积极的作用。

抗战时期，在中国共产党的领导下，侨港会宁同乡会回乡服务团、会宁华侨回乡服务团、广东省抗日青年先锋队、旅澳中国青年乡村服务团、广东省税警总团政训处政治工作大队等组织，活跃在广宁、四会城乡开展抗日救亡工作，坚定了两县人民抗日救国的信心。

1939年6月，四会县临工委通过统战关系，取得四会县县长周东同意，派党员黄显声到四会县国民兵团自卫队第一大队第一中队任中队长，派杨明到第三中队任指导员。后来，又先后派党员李国柱、关德、余仲平、黄其、邓燊和冯坚等去第一中队，协助黄显声掌握好这支队伍，并在队里建立一个党支部，黄显声兼任党支部书记。从此，这个中队实际上为中共四会党组织所掌握。该中队有官兵100多人，驻守在马房前线。

广州沦陷后，日本侵略军占领广九、广三等重要战略要道，三水县的河口、木棉等地也被日本侵略军占领。四会县的马房、大沙，与日军占领的地方只一河之隔，经常受到日本侵略军的偷袭、骚扰和破坏。共产党控制的四会县国民兵团第一中队，当时正好驻守马房，隔河相峙，经常与偷渡过来烧杀抢掠的日本侵略军作战。

1939年秋末冬初的一天，日本侵略军出动约100人的队伍，分乘数艘橡皮艇，从河的对岸向马房方向开来，四会县国民兵团第一中队在黄显声的指挥下进行阻击。他们以小队为单位，在河西岸的附近滩头埋伏。黄显声带领一个机枪班和几名优秀狙击手，埋伏在重要的滩头阵地指挥战斗。当一艘乘载日本侵略军指挥官的橡皮艇驶到离西岸近100米时，黄显声问身旁的一位狙击手有没有把握将敌军官击毙。狙击手回答的话音刚落，手持指挥刀的日本侵略军军官就被狙击手击倒在橡皮艇里。这时，滩头阵地上的其他小队也立即射击，步枪机枪齐发。日军尚未登陆，就遭到四会县国民兵团的猛烈打击，加上指挥官已经毙命，无人指挥，其余几艘橡皮艇上的日本侵略军大喊大嚷，乱作一团，有的被击毙，有的掉入水中，退回东岸。这次打击日军的辉煌胜利，极大地鼓舞了各地军民。

1941年1月，国民党反动派制造了震惊中外的"皖南事变"，掀起了第二次反共狂潮，白色恐怖猖獗。为保存革命力量，中共南方工作委员会决定改变整个领导体制，各级党组织从集体领导的委员制，改为个人负责的特派员制，实行单线联系。1941年4月，中共粤北省委决定把中共西江特委改为特派员制，特委书记冯燊任特派员；同时，中共四会县委员会改为中共四会县工作委员会并派出特派员，县委书记林德昭任特派员。1941年夏，西江特派员冯燊和组织部部长张华将西江特委领导机关从三水芦苞迁到四会内凤乡旧村，中共四会县特派员林德昭也将县委机关搬到内凤去。内凤乡是地下党员雷锡南的家乡，雷锡南早在3月份就经党组织同意出任内凤乡乡长，秘密进行革命活动。

日军占领四会以后，一面继续全面进犯西江，一面在四会地区建立军事据点，成立维持会等汉奸组织。前任反动县长、大汉奸余觉云摇身一变，充任四会县维持会会长，为日军效劳，并勾结吴则、吴乃金等土匪伪军，朋比为奸，横行乡里，勒索民财，强奸妇女。广大四会人民在日军、汉奸、土匪、伪军的蹂躏劫掠摧残下，过着暗无天日的悲惨生活。

1942年6月16日清晨，日本侵略军2000多人包围四会南岗乡，用机枪、钢炮向各村成百上千正酣睡的农民进行扫射和轰击。始院村有一家9口，只有一个8岁的小孩未死。马房村的林炽垣被日本侵略军打伤，李瑞章的房子被轰平，其父亲、大嫂和儿子都死在乱枪乱炮下。始院村一位姓何的农民，被日本侵略军刺伤后丢到火里烧死。赵村一位70多岁的老农被日本侵略军绑在树上，残忍地被从额上一块块剥皮而惨死；赵奔被日本侵略军用马踩死；邵金贵的叔婆被碎尸。这次惨绝人寰的大屠杀，造成南岗乡共死亡600多人。日本侵略军还烧毁民房720间，全村300家农户只有1间房屋没有被烧。大坑村120家被烧毁100家，郭苏村60家全部被烧光。

1942年11月，中共驻内凤乡的西江特委、四会县委和驻罗源的清三花四边区工委领导人冯燊、张华、罗锡光和何俊才等同志，根据中共中央关于"隐蔽精干、长期埋伏、积蓄力量、以待时机"的方针，暂时停止组织活动。每个党员按照"勤学、勤职、勤交友"的要求，先后转移到其他地方隐蔽。四会党组织的活动暂时停止。

1943年，在粤北省委遭到敌人破坏后，共产党员陈子英潜回自己的家乡黄田镇江头乡，与陈子贤等开展地下活动。因为国民党当局掀起"反共"高潮，白色恐怖笼罩，按党组织的指示，一些共产党人转变斗争方式，以灰色人物身份出现，打入敌人内部。在黄田乡举行的乡长选举中，群众提出陈子英参加竞选，获大多数乡民拥护，陈子英当选为黄田乡乡长，陈福运跟随陈子英进入该乡公所当一名所丁，跟随陈子英活动。江头乡的陈修安去石狗镇当石狗田赋征收处主任（石狗田赋征收处管理石狗、黄田、排沙等地的征粮）。中共地下党员陈伯康任石狗田赋征收处驻排沙粮站稽征员，实际上是中共地下党的联络员，他的主要任务是联络已打入排沙乡当副乡长的中共地下党负责人陈瑞琮。中共党员以各自的公职做掩护，秘密进行活动。陈子英出任黄田乡乡长后，全力维护乡民的利益。他对抽壮丁采取消极态度，使黄田乡青年顺利地开展反对抽丁的运动。他以维护社会治安为由，在江头乡组织了一支有20至30人的武装队伍，名为"老更队"，其中江头乡就有陈善才等10人，沙塘坑村有陈亚锦等8人参加。他自己亲自担任队长，陈子贤任副队长，这支队伍成为了共产党的秘密武装。在大沙，因"粤北事件"而回乡隐蔽的共产党员陈铮郎，按党组织的要求打入敌人内部，被四会县县长邓徵涛委任为大沙村美乡乡长，掌握一支有10来人的大沙自卫队。

1942年底至1943年春，由于南委和粤北省委遭敌人破坏，根据中共中央关于处理"粤北事件"善后工作的指示，原来在粤北省委电台工作的黎百松和他的夫人司徒明以及在南委工作的几位外省的同志，按南委秘书长严重的部署，由善后工作组欧新介绍，从韶关转移到四会隐蔽。黎百松、司徒明夫妇被安排在黄岗圩林照的"照记钟表店"，以做买卖为掩护，由四会的地下党员陈子贤、陈子英、龙焯南、巫镜池暗中照顾。同行的粤北省委电台的同志、江西省赣南特委及其所属的一些县委领导共7人，由欧新安排到黄田江头隐蔽。由于人数相对较多，给江头的地下党组织陈子英、陈子贤等人和群众都带来不少困难。首先是安全隐藏的问题。为此，由任黄田乡乡长的共产党员陈子英出面，说这批人是他的朋友，因为逃难所以到江头投奔他。陈子英把不懂广州话的4人安排到蔗园管蔗，把稍微会讲点广州话的另外几人安排做小买卖。这样，隐藏问题算是解决了。但吃饭问题较难解决，因为当时大家都在死亡线上挣扎，平时都已经朝不保夕，何况一下子多了7个人。陈子英以乡长的名义，向乡公所借谷，大家勒紧裤带，勉强度过了一段时间。到后来，实在没有办法，便决定派黎百松到都城（时三人善后小组的严重、王炎光、欧新都转移到都城隐蔽）找西江临委欧新请示解决。黎百松去都城，其夫人司徒明和孩子便没了依靠，而且司徒明正怀有8个多月的身孕，各方面都困难重重。黎百松去了一个多月才返回黄田，其间，陈子英等共产党员和人民群众对司徒明母子二人关怀备至，使其渡过难关。那7位同志也在当地党员和群众的支持掩护下，安全度过了这段最困难、最危险的时期。

抗战时期，四会地下党组织为建立自己的武装做了许多工作，进行了许多尝试，特别在争取和改造国民兵团、税警总团这两支国民党军队上做了大量工作。虽然最后由于各种历史条件的限制，特别是国民党破坏国共合作、制造了1942年的"粤北事件"，以致没有把这些军队真正争取过来，成为共产党领导的抗日军队。但是抗战前期，四会县党组织为建设人民军队做了大量的宣传发动工作，为抗日后期的武装起义、建设人民军队、开展抗日游击战争和人民解放战争积累了一定经验，培养了一批干部。

第四节 抗日战争新形势下的人民革命运动

　　1944年9月12日，盘踞在广州地区的日本侵略军一〇四师团从集结地四会出发，沿西江北岸及由清远经广宁、怀集向西推进。敌海军第二"遣支舰队"沿西江溯江西犯，全面进犯西江地区。不久，四会、广宁、高要、云浮、德庆、郁南、封开等县大部分地方相继陷入敌手。

　　1944年10月，中共广东省临委对西江地区的党组织作如下重要指示：一、恢复西江党的组织关系和工作活动。二、在敌后发动群众，组织武装进行游击战争，建立游击根据地。11月，党的西江负责人冯燊在郁南召开会议传达这一指示，并成立西江临工委，负责恢复党的组织活动，筹划开展武装斗争。西江临工委原定由王炎光、唐章、欧新3人组成，后因王炎光调到东江待命，故实际上由唐章、欧新2人负责。欧新负责西江北岸地区，唐章负责西江南岸地区。

　　欧新按西江临工委的分工，到四会向陈德、黄显声、黎百松、陈铮郎等传达省临委和西江临工委的指示和决定，恢复了四会党的组织活动，成立以陈德为书记的中共四会县委员会。后来，又由陈德带领黄显声、陈铮郎、严为柱、严群爱（严机）等，进行各地党组织的恢复和武装斗争准备工作。至12月底，黄岗、大沙、九腩、邓村、威整等地的党组织活动先后恢复起来。

　　四会有优良的革命传统。早在大革命时期，就有陈璧如等老党员在这一带进行革命活动。抗日战争爆发后，黄显声的父亲在大沙圩开的一间"雅乐"茶楼，成为共产党一个重要的地下交通站，西江特委的刘田夫、梁威林、冯燊夫妇、王炎光夫妇和张华等都经常出入于这间茶楼，在大沙等地撒播革命种子，为大沙、黄岗起义做思想准备。

四会沦陷以后，大沙、黄岗一带除了有中共地下党活动以外，还有日军、伪军、蒋帮的杂牌军武装。汉奸、特务、土匪横行乡里，情况非常复杂。大沙圩就驻有伪四（会）三（水）联防大队队长梁敬中的部队和挂着国民党招牌的邓贞别动队，以及四会伪县政府派出的简启成的侦缉队。此外，还有安平、永富两乡农民和沦陷区乡失业回乡青年组成的四会集结大队，大队长区国器。此人律师出身，不会带兵。黄显声、陈铮郎等从三埠回到大沙以后，区国器出面请黄显声出来担任集结大队的大队副队长，这又给共产党一个掌握武装的好机会。黄显声当上集结大队副队长以后，县委便有计划地把共产党员严为柱、关德、陈广华以及汤仕良、陈国良等，先后安排到集结大队里去，协助黄显声抓紧对这支队伍的教育和改造工作。

1944年10月9日，由八路军一二〇师三五九旅主力组成的南下支队从延安出发，向华南挺进。他们按照中共中央关于发展华南抗日根据地的战略方针，准备与东江纵队会合后，共同开辟湘赣桂粤边的五岭抗日根据地，把华中和华南联系起来，为将来的战略反攻，配合全国战场收复失地做好准备，打好基础。

1944年夏秋间，广东省第一区行政公署所在地的三埠镇沦陷以后，原来跟随周东到第一区行政公署工作的中共地下党员黄显声、黄梅、陈铮郎等，回到自己的家乡四会大沙。不久，根据省临委的指示恢复组织活动，并领导当地人民进行新的斗争。

1944年秋，侵华日军发动了打通大陆交通线的作战，广东又有很多地方沦入敌手。为了抗击日本帝国主义的侵略，中共广东省临委和东江军政委员会于同年8月在大鹏半岛的土洋村召开联席会议。这次会议决定：恢复各地党组织活动，动员全体共产党员拿起武器参加敌后游击战争。中共西江特派员冯燊（又叫冯叔），参加完"土洋村会议"后顺路来到四会向陈德简要地传达了会议精神，要陈德做好恢复党组织活动和发动抗日武装起义的准备。那时候，因"粤北事件"而去外地隐蔽的共产党员黄显声、黄梅、陈铮郎及陈铮郎的夫人李惠中等都已返回自己的家乡。陈德在送走冯叔之后即前往大沙圩找陈铮郎和黄显声传达了"土洋村会议"的精神和冯叔的指示，陈铮郎和黄显声则向陈德介绍了他们从三埠回来后的一些情况。接着，他们三人便围绕武装起义问题讨论了时局和对策。认为要发动武装起义，必须要有一个阵地做工作，最好的办法就是打进国民党的地方武装和基层政权机关中去。经过分析，觉得由陈铮郎打入村美乡公所、由黄显声打入县集结队第三队比较容易。因为当时的村美乡乡长邵继犹因贪污舞弊被当地的民众、乡绅告到县里；而驻扎在黄显声家乡的县集结队第三大队大队长区国器，在黄显声返回家乡时，曾邀黄显声当他的副手。只要有人为陈铮郎和黄显声做一些疏通、推荐工作，问题就比较容易解决。功夫不负有心人，黄显声很快就被区国器任命为县集结队第三大队副队长。过了一段时间以后，陈铮郎也由乡亲推荐，被县长邓徵涛委任为村美乡长。黄显声带着有病之躯当上了大队副队长不久，区国器便以身体不好为由，向县长提出辞职，把集结队的大权交给黄显声。黄显声趁机把黄显宁（黄显声堂弟）、黄柱华、黄飞南等安排在集结队当助手。陈铮郎当了村美乡乡长后，即着手改组和扩大大沙自卫队。他通过同当地乡绅协商，把大沙圩商会的枪支借出来交给大沙自卫队使用，又把肖占文、梁四、梁宝仁等人安排进大沙自卫队当骨干。这样，陈德、黄显声、陈铮郎等准备发动武装起义的第一步工作——打入国民党的地方部队和基层政权中去，建立据点，积蓄力量，就基本上得到了实现。

1945年2月16日，中共西江临工委负责人欧新在广宁排沙三角村小学召开四会、广宁两县领导人会议，决定在2月20日（农历正月初八）两县同时举行起义。四会县委书记陈德在散会后马上赶回四会，在大沙向黄显声和陈铮郎传达了这次会议的决定，并研究了一些具体问题，之后即各自返回自己的岗位对准备参加起义的人员进行动员。有关人员知道这一消息后，心情非常激动，纷纷表示，决心为打败日本侵略者贡献一切力量。黄岗小学教师严群爱和她的侄女严文媛（又名严女）、侄子严文彪三人听了动员后，当晚就把家里防盗用的两支短枪一支长枪和部分金银首饰偷出来交给党组织。集结队队员黄飞南，其父母已为他择定吉日成亲。起义那天，他不声不响地回家，向双亲讲明情况，毅然随队参加起义，挺进广宁。成亲那天，他的双亲只好按当地习俗，用生鸡陪新娘拜堂。

1945年2月21日（农历正月初九）晚上，由黄显声领导的四会县集结队第三大队，陈铮郎领导的大沙自卫队和陈德、严为柱领导的黄岗小学部分进步师生共80多人，分别在安平、大沙、黄岗三处地方拉队起义。三支队伍在陶冶口集中后，沿着绥江河西岸向广宁挺进。两天以后，由广宁派来的向导杨九带路，沿着山涧小径，继续向广宁进发。24日上午9时左右到达广宁罗汶，同广宁的起义队伍胜利会师，宣布成立西江人民抗日义勇队四会大队。由黄显声任大队长，陈德任政委，陈铮郎任参谋长。从此，这支四会人民的子弟兵，在共产党的领导下，同广宁大队一起挫败了广宁顽固派的围追堵截，与广宁大队联合作战攻入排沙圩，在锁匙牌全歼广宁县集结大队，强攻古水，进军北市开仓济贫……直至与珠纵西挺大队会师。历时三个月，转战数百里，走过一段光辉的战斗历程，在四会人民的革命斗争史上谱写了新的战斗篇章。

1945年3月，中共广东省临委鉴于广东区处于全面沦陷状态，按照中央的部署，为扩大武装活动范围，决定由珠江纵队组织一支部队挺进四会。为此，珠纵司令部指示活动于南海、三水地区的独立第三大队派人到四会，与广宁中心县委和两县起义部队的领导人取得联系。同月，珠纵领导成员在中山开会，决定由梁嘉、谢斌、刘向东等珠纵领导率领珠纵西挺大队，挺进西江。

4月下旬，四会大队参谋长陈铮郎与关德、高梅等，从广宁潜回四会大沙找到黄显宁，并以黄显宁为向导，从马房偷渡过江，前往珠纵独立第三大队驻地南海黄洞，与珠纵领导研究商量西挺广宁的问题。

5月初，珠纵政委梁嘉从中山到达南海黄洞，与谢斌、刘向东等和广宁、四会武装起义部队派来的关德研究偷渡四会北江、挺进广宁等事宜。5月12日深夜，珠纵西挺部队（含雄狮、猛虎、烈豹3个中队和特务小队、手枪队、爆破组）400余人，由珠纵的几位领导和向导关德、欧伟明等带领，来到马房渡口下侧的孖岗，准备渡过北江。当时只有一艘可乘20人左右的旧木船，每次来回需要半小时左右。从晚上10时左右开始，部队有秩序地一批批渡江过去，一直到天亮才全部渡过北江。过河之后，见岸上只有三四间狭小的泥屋，不便隐蔽，白天又不便行军，于是将部队开进望楼岗村隐蔽，并派出警戒，封锁消息，直至13日下午，安然无事。傍晚，当部队集合、领导讲话、整装待发的时候，驻三水日本侵略军利用其宿营地附近几条流水深沟隐蔽，向珠纵西挺部队哨兵阵地接近，企图来个突然袭击。这时哨兵阵地刚好架着机枪，发现日本侵略军突然出现在面前，哨兵立即用机枪扫射，歼灭敌人。

战斗打响后，埋伏在西挺部队营地对面300米山冈上的日本侵略军，连续向阵地开炮，由于基围地形狭窄，西挺部队一时摆不开队形，以致李伦等3名战士当场牺牲，2名被俘战士惨遭杀害。敌人见西挺部队强大，又是夜晚，不敢继续进攻，骚扰一阵后就溜走了。日军溜走后，珠纵西挺大队由关德和地下交通员黄显宁、梁萍等引路，继续北上，从石狗向广宁进发，于5月19日下午到达广宁罗汶，与四会起义部队胜利会师。

与此同时，为甩掉尾追敌人，司令部决定由叶向荣、李海率猛虎队佯装部队主力，故意在白天行军，虚张声势，向北面的清桂水进军，以吸引和迷惑敌人。司令部即率雄狮队向曲水、石桥一带转移，但敌人仍尾追不放。6月下旬，司令部和雄狮队转移至四会、高要边界的黄牛头。6月23日晚12时，珠纵政委梁嘉率司令部和雄狮队及特务小队等机关人员100多人，从黄牛头出发，步行2个小时，准备撤回罗汶后待机渡江。当部队来到金坑迳时，前头部队突然遭到敌军大部队的袭击。此时，珠纵大部队立即向后撤退到左侧登山，占据有利地形，准备应战。特务小队则往原来的黄牛头方向撤退。敌人不知道部队的主力和司令部的撤退方向，猛向东面的特务小队追击。由于天黑路窄，战斗打响后，前后失去联络，西挺大队伤亡较大，伤亡、失散、被俘共50人（其中4名印度兵），丢失机枪2挺。金坑迳遭伏击，是西挺大队北上广宁以来的一次重大损失。

7月15日，敌肇清师管区补充团数百人向五指山扑来。此时，雄狮队和珠纵司令部已在五指山休整几天，便即刻与陈瑞琮联合部署，准备重创来敌。部队主力占据百寮顶有利地形，居高临下，以密集的火力击退敌人多次冲锋，始终把敌人压制在山下，无法上山。敌军见联合部队占据有利地势，火力迅猛，己方伤亡越来越大，于是锐气大减，最后狼狈退回黄田圩。是役，敌伤亡30多人，联合部队只牺牲1名战士，缴获武器弹药一批。

百寮顶战斗的胜利，是游击部队自黄坑会议以后的首捷，极大地鼓舞了军民的士气，打击了敌人的嚣张气焰。此后，敌补充团一度不敢来犯，使部队赢得了一段休整时间。之后部队分兵进入山区发动群众，取得了当地群众的大力支持，开始扭转被动局面，为五指山抗日游击根据地的建立奠定了牢固的基础。

百寮顶战斗后，由叶向荣、李海率领的猛虎队在完成吸引敌之主力、让珠纵主力从容渡河的任务以后，按司令部的命令，从清桂水出发，乘机渡过绥江，进入五指山地区，与当地部队会合。雄狮、烈豹两个中队则在百寮顶战斗后休整，于7月24日在司令部的率领下，挺进广（宁）清（远）边五岭地区，开辟新的战场。

1945年8月，五指山游击部队在叶向荣、李海、陈瑞琼等的领导下，积极开展游击武装斗争，扩大活动地区。他们广泛组成以三五个人为一组的武工组、武工队的小部队，到黄田、榄洞、江头、下茆上下黄岗、江谷十二带等地活动，帮助群众逐步建立抗日民主政权（或参加两面政权）和劳武结合的民兵常备队、后备队，积极领导群众开展反对国民党的征兵、征粮、征税的斗争，以及进行扩兵筹粮和减租工作，在斗争中不断扩大游击队的影响。同月，在黄田一带活动的游击队武装，为打击敌人，扩大影响，再次出击石狗圩。游击队利用黑夜行军等有利条件，于黎明前一枪未发就顺利进入石狗圩，烧毁石狗乡公所的文件后，已天色大白。游击队又秩序井然地退出石狗圩，沿途向农民和市民宣传共产党抗日民主方针政策。部队回归途中经过信步和白石嘴时，又顺路袭击了当地反动头子纪三和许锡基的炮楼，没收其一批财物。部队所经乡村，纪律严明，秋毫无犯，受到老百姓热烈欢迎。

1945年8月15日，日本宣布无条件投降，十四年抗日战争胜利结束。8月16日，中共中央和毛泽东指示广东区党委，要在一个月内，迅速把各项工作和部队进行调整，以适应新环境的需要。

9月初，五指山游击根据地领导派江金等3人组成武工组，到江谷十二带、江林长坪等地区发动群众，开展"二五"减租，并在此基础上逐步建立乡一级人民民主政权。武工组在共产党的领导下，在当地群众的支持下，通过开展各种活动和对敌斗争，逐步得到发展。

与此同时，五指山游击队冯光部和以陈子贤、严道权为首的武工组密切配合，袭击黄田乡公所，俘虏了该乡乡长黄宝祥。

4

第四章

解放曙光　耀及古邑

第一节 抗日战争胜利后四会的革命斗争

1945年8月至11月，四会各游击区军民团结合作，挫败了国民党肇清师管区补充团和保安四团以及地方的反动保警武装的多次进攻。当时，由于国民党忙于抢占抗日胜利果实，忙于"接收"大城市，一时还无法抽调正规军袭击四会游击区；其"清剿"任务主要由肇清师管区的补充团及其他地方反动武装来进行。在广州行营主任张发奎召开"粤桂两省绥靖会议"后，广宁、四会、清远一带的敌人基本上按照"绥靖会议"那一套，靠各县以至区乡成立的"清乡"委员会改编土匪流氓，通过组织地方反动武装和强化保甲制度等手段来对付游击区。但是，当国民党抢占抗战胜利果实、"接收"大城市的工作告一段落，从1945年12月起，便调遣有美式装备的正规军六十四军一三一师约1万人，进驻广宁、四会、清远一带（师部设在四会），原在广宁、四会一带的国民党肇清师管区补充团、保四团和各县警大队亦有增无减。游击队面对敌我兵力对比悬殊的急剧变化和严重的内战危机，态度鲜明，立场坚定，做了充分的准备。一方面发表文告，通过地方知名民主人士向一三一师及地方上的国民党军队呼吁停止内战；一方面对国民党坚持反动立场、破坏和平、发动内战的阴谋予以无情的揭露，教育人民丢掉幻想，积极发动群众做好一切反"扫荡"的准备工作。

1945年12月12日，一三一师的三九一团、三九二团和四团、四会县警大队共2000多人，兵分十路，向河东五指山区进攻。他们采取"突然发动，分兵合击，半夜包围，拂晓攻击，进驻填空，连续'进剿'"的战术，向抗日游击区进行疯狂"扫荡"，企图迫使游击队撤离这个地区。游击队执行《双十协定》精神，尽力忍让，未与敌人发生大的战斗。敌人找不到游击队主力决战，便对根据地人民进行血腥镇压。他们每包围一个村庄，即进行全面搜索，将所有男女老少赶出家门集中起来，威胁恐吓，拉走不少无辜群众。接着，又进行户口调查，搞"自新"运动，乘机搜刮民财。据不完全统计，国民党军队用强迫"自新"的办法，抢去价值200多万元（旧币）的财物。四会黄田、江头、榄洞、沙塘坑、上下黄岗、江谷十二带等地村庄受到严重破坏。他们还以"通匪""藏匪"等罪名，捕杀群众70人，烧毁民房40间，各村财物均被洗劫一空。

1946年11月，中共中央指示各省党委，凡可建立公开游击根据地者应立即建立公开游击根据地；原有各根据地如海南岛、南路、中路、西江、北江、东江、闽南、闽西应鼓励原公开或半公开的武装，紧紧依靠群众继续战斗，不应采取消极复员政策，长敌人之志气，灭自己之威风；并指出现在南方各省国民党正规军被大批调走，征兵征粮普遍施行，正是游击队发展游击战争的好机会。

12月，广东区党委发出相应指示，号召各地广泛开展游击战争，建立游击根据地。在中央和广东区党委的指示和号召下，五指山游击根据地的人民武装进一步活跃起来，积极主动出击各地，扩军筹粮，壮大力量。为此，五指山的陈英武工组、许思珍武工组、陈公和小队、江金小队等，在黄田、村心、榄洞、江头、沙塘坑、讴坑、上下黄岗、江谷高龙顶、长坪、塘洞、南寮、常树等地的活动非常活跃，不断打击敌人，武装力量得到迅速壮大。五指山游击区的范围也得到迅速扩展。

1947年2月8日（农历正月十八），游击队在叶向荣率领下，袭击驻黄田街尾榨糖厂的国民党地方税警总团一个连，打得敌人四处逃窜。大部分敌兵被游击队追赶至绥江河边，无路可走，只好跳河逃命。那时，正是冬季枯水期间，绥江水浅，敌人跳河以后向春水方向逃遁。是役，虽然因爆破失算，没取得大的战果，但是政治影响不小，此后没几天，关应康的税警总团就撤走了。从此，有一年多税警总团不敢来黄田立足，这就为黄田税站的活动和后来黄田民主政权的建立创造了有利条件。

1947年5月，五指山游击根据地的江金中队，事前通过江谷乡乡长杨火的堂弟、在敌自卫队服务的杨生摸清敌情，得知5月29日（农历四月初十）是江谷自卫队第三中队中队长曾少初母亲的生日，估计这天敌自卫队大多数队员会去曾少初家里喝生日酒，是袭击敌自卫队炮楼的好机会。游击队经过侦察，判断可以出击，于是在29日晚，从长坪出发，悄悄来到炮楼前，负责内线的杨生出来接应。果然，多数敌兵都赴宴去了，炮楼空虚，只有几个哨兵，杨生又做了他们的思想工作。游击队不费一枪一弹顺利进入炮楼，缴获机枪1挺、步枪2支和一批子弹。杨生也随即参加了游击队。

农历四五月，正是青黄不接的时候，当地群众严重缺粮。为了帮助群众缓和一下缺粮危机，游击队在袭击曾少初自卫队不久，又袭击了敌蛇窿粮仓，实行开仓济贫。这天，正是江谷圩期，队长江金带着游击队员林方、杨伙等3人，打扮成农民混入趁圩的群众队伍中，来到蛇窿粮仓前，3名游击队员迅速靠近粮仓门口，以迅雷不及掩耳之势夺下3名护仓哨兵的武器，并把他们捆绑起来。游击队迅速打开粮仓，烧了敌人粮簿账本，并通知附近群众来挑粮食，谁要谁挑。许多贫苦群众欢天喜地前来挑粮，游击队也得到部分给养。正当群众前来挑粮的时候，驻扎江谷圩的敌自卫队闻讯赶来救援，又被负责支援的游击队打得落花流水，只好窜回江谷圩炮楼不敢出来。许多贫苦群众挑粮回家时，赞不绝口地说："红军是我们的救命恩人。"

1947年7月，黄田税站的工作人员陈遂文、彭炎、陈福运等在白泥口茶楼与敌侦探3人意外相遇。双方都有戒备，但茶楼人多，不好下手。3名敌侦探在茶楼待了一会儿便离开，几个武装税站人员立即跟踪追出，在茶楼门口展开一场激战。当场将2名敌侦探击毙，另一名被击伤后侥幸逃脱。游击队缴获驳壳枪2支。

1947年12月底，国民党军队700多人来犯河东游击区驻地江谷十二带。游击队立即按司令部的指示将主力移出外线，留下一个机枪班与敌人周旋。经过一日激战，游击队毙伤敌人一批。

1948年2月，敌保四团和潘汉岳联防队、江谷自卫队等地反动武装，再次向游击区十二带进攻。游击队紧紧依靠群众，运用地雷战、伏击战等打退敌人的多次进攻，共毙伤敌人100多人，缴获步枪30支。

1948年4月，西江区工委为适应新的战争形势的需要，召开全体干部会议，讨论香港分局"二月指示"精神，会议决定：纵队建立支队，确定编制，成立两个支队，一个独立团。绥贺支队由陈胜任司令员，叶向荣任政委，欧新任副政委，陈其略任政治部主任；连江支队由冯光任司令员，周明任政委，马奔任副司令员，王炎光任政治部主任；独立团由林锋任团长，李殷丹任政委，黄传林任政治部主任。

5月上旬，活动于黄田五指山地区和江谷十二带的绥贺支队主力正风团和东风团，通过认真侦察调查，了解到混进解放军陈英中队的一个奸细黄生有通敌行为，并侦察到敌人正在集结军队，将向解放军进攻。部队领导立即决定将计就计，部署陈英、江金等中队，在下茆上下黄岗伏击来敌。当时陈英中队驻在十二带的带头人、奸细黄生以为在江谷十二带驻扎的只有陈英一个中队，"立功"心切。一天，黄生借口请假回家探亲，部队领导对黄的诡秘行为早有觉察，有意准他回去，以便做好伏击准备。第二天，黄生果然带着敌四会县一、二、三中队和江谷敌自卫队共300人，从上下黄岗进入白梨坑，向游击队驻地扑来。游击队正好在白梨坑设伏，当敌人进入伏击圈时，游击队立即以猛烈的火力向来敌射击。敌依仗人多，多次向伏击阵地冲锋，但都被游击队击退。后来，江金率领的游击队终因弹药不足，顶不住敌军的冲锋，只好且战且退，向后山撤走。正在危急之际，曾庆生率领的黄田五指山下的榄洞等村的民兵常备队及时赶来支援，才把敌人压了下去。敌人招架不住，纷纷向上下黄岗方向退却。游击队乘胜追击，把敌人打得狼狈不堪。是役，毙伤县警中队和江谷自卫队25人，俘敌5人，缴获长枪29支。

江金游击队在战斗中不断扩充兵力，到1948年6月，已发展至100人。河东部队为适应革命形势发展的需要，决定将该部改称"建国队"的番号，队长仍由江金担任，另派陈锋任该队指导员。

1948年9月中旬，国民党广西八步保安团、广东保十四团、保安独立第六营及各县警中队共2500余人，采用重兵进攻、反复围追堵截搜索和政治怀柔手段相结合的战术，分兵向四会黄田五指山地区追来，包围游击队从四雍突围出来的主力。游击队按预定计划，两股主力立即从江林冬瓜窿突围出去，向清远苏陶部队靠拢，留一部分部队在黄田五指山由欧伟明统率与敌周旋。当时，欧伟明率飞鹰队退到江谷十二带，以十二带为中心，采用夜战、地雷战、麻雀战、伏击战等战术，与敌人进行了一个多月的斗争。来敌被动挨打，又找不到游击队主力，最后狼狈撤出，从而，五指山游击区的军民取得了反"扫荡"斗争的胜利。

1949年6月，珠江纵队西挺大队为粉碎国民党反动军队的"围剿"，东渡绥江到四会黄田五指山与广宁起义部队陈瑞琼部联合作战，特别是取得五指山百寮顶战斗胜利，给五指山人民以极大的鼓舞。

革命发展和反"清剿"斗争

在五指山游击队的帮助下，1945年9月广四边区第一个乡级民主政权成立。从此，四会黄田五指山根据地的军民团结合作，英勇战斗，粉碎了国民党一三一师从1945年12月中旬开始的多次疯狂"扫荡"，经受了长期的血与火的严峻考验。

黄田五指山区级民主政权成立后，先后协助大塘、黄田、横岗、大坑、江谷等5个乡建立乡级政权。行政督导处设有一个警卫排，30人，排长曾庆生。

黄田五指山游击根据地的区乡民主政权建立以后，在当地党和军队的领导下，人民群众进一步组织起来，深入进行减租减息运动，开展反对国民党的征兵、征税、征粮斗争，实行扩军筹粮，有力地支援了当地人民的解放斗争，发展了五指山地区的革命形势。

在群众组织方面，建立了生产互助社、生产福利会、耕友会、民众同志会、纸厂工会等组织。这些群众组织，其中有的实际上又是农村政权组织，很多民事案件都由这些组织去解决。这些组织对于解决民众纠纷，推行民主福利事业，促进工农业生产，都起了一定的作用，特别对减租减息运动起了较大的促进作用。主要表现与过去不同的有三点：一、比以前更有组织，开展得更深入、更普遍；二、减租减息和对敌斗争、民众武装斗争结合了起来；三、明确站在农民的立场，为农民撑腰。

河西地区主要包括现在的广宁罗汶、宾亨和四会的万洞、曲水、石狗、钟坑、谭九等区乡。这一带有数万劳苦大众，终年以竹木生产为主要生活来源，生活贫苦，觉悟较高。在大革命时期，这一带就曾经开展过轰轰烈烈的农民运动和武装斗争，这些地方都是革命老区。但是，由于主力过河以后，留在河西的部队甚少，给这个地区部队的发展带来许多不利条件，使这个地区后来的发展受到影响。

1946年6月，自部队军需官欧伟明在黄田白泥口建立黄田税站以后，黄田税站便与罗汶、春水、石涧等地的税站联合起来，成为解决部队给养的重要经济渠道。为了保证这些税站的正常活动，司令部拨出部分兵力组成几个武装流动队，经常活动于绥江两岸，在欧伟明的率领下，多次打击国民党的武装收税队，保障税站工作的正常进行。1946年夏季，每月平均税收达400万元（当时旧币），使部队部分给养得到及时补充。

1946年12月，四会各地恢复武装斗争以后，吴声涛来到河西地区与原来在这一带活动的欧新、欧伟明等一起组织武工组，于河西的钟村、庙村、野猪、曲水、带洞、罗汶、坑口等地开展武装斗争活动，保护绥江两岸几个税站工作的正常进行。

1947年1月，河西的欧新部队派出武装小组，将作恶多端的河西惯匪王秋击毙。1947年的春夏之交，河西部队分别在永泰和带洞打了两个漂亮仗，特别是带洞一役，河东、河西两部联合包围驻带洞国民党的自卫队，不费一枪一弹，迫使20名自卫队队员放下武器，缴械投降。是役缴获步枪11支，手榴弹20枚，子弹2000余发。河西地区的人民武装在四会黄田、益水、万洞等地开展了一些群众工作，包括为民众谋福利、减租减息、低利借贷、建立农会等。但是由于有的领导思想保守，各项工作进展不大，统战、扩军、锄奸、发展新区等工作都有过一些失误，没有取得应有的进展。

四会、广宁两县农村在新中国成立前有纸厂工人约3000人，他们分散在各地农村，以竹子为原料，以手工操作的旧法生产土纸。其中以四会出产的土纸最有名，故名"会纸"。仅在绥江东岸五指山周围乡村就有这样的纸厂工人约500人，工厂规模不大，每间纸厂一般只有工人8至10人，最多的也不超过40人。

1947年，绥江河东岸的纸厂工人曾发动过一场为增加工人工资的合法斗争，得到五指山游击根据地部队的支持和指导，取得重大胜利。这个地区的纸厂工人的工资，原来比其他地方（如邓村、石狗）的纸厂工人低三分之一。因此，他们组织起来要求提高工资。最初是工人自发斗争，10多天都没有取得什么结果，便派出代表到部队来请求帮助，同时要求成立纸厂工人组织。游击队完全同意和支持工人的斗争，由代表把工人团结起来与厂主斗争，把破坏工人斗争的厂主的亲戚赶走，给纸厂工人撑腰，并提出"做出天大事情，由我们负责"。纸厂工人得到游击队的支持以后，要求提高工资的合法斗争热情高涨起来，积极参加斗争的从50多人发展到300人，由一个地区发展到三个地区。不久，由工人大会选出代表（正、副行长和各地区的代表若干人），再次到部队请求帮助。因为当时驱逐破坏罢工的厂主亲戚的斗争非常激烈，工人派代表来部队要求借枪，准备同厂主以及厂主亲戚干一场。四会黄田五指山部队召集全体工人代表开会研究斗争策略，制定了斗争纲领，作出了五项具体行动决定。纸厂工人的斗争坚持了3个多月，终于取得胜利，迫使厂主签订了提高工人工资的协议。纸厂工会也在斗争中组织起来（原来是没有组织的），有会员300多人。这次支持纸厂工人斗争取得胜利的实践证明：只要把工人组织起来，团结一致，困难都是可以克服的。

部队支持纸厂工人斗争的胜利，密切了部队和工人之间的联系，部队也常常得到工人、群众的支持。有一次，在绥江两岸活动的武装流动队在分界和国民党军队打仗，游击队有2名队员受伤，3名战士牺牲。消息传出以后，纸厂工人收集民众慰劳金100多万元（旧币），并用全体工人的名义，给游击队写了一封热情洋溢的慰问信，给游击队以极大的鼓舞。

黄田五指山游击区行政督导处成立以后，很快就吸引了更多各地来的知识分子加入。他们成立了文工队，经常到各村庄进行宣传。这对于活跃游击区文化生活和动员青年参军参战都起了重要作用。

1948年3月，文工队来到四会石狗、讴坑、罗锅一带宣传共产党和军队的各项政策，宣传人民解放战争的大好形势。罗锅村当时有60户农户，该村的青年男子绝大多数都是贫苦农民的子弟，听到解放军文工队的宣传以后，加深了对共产党和军队的了解，提高了思想觉悟，踊跃报名参军。全村除了家无壮丁的农户，几乎各户都有子弟参军，共计有50人。由于五指山区各地群众积极参军，解放军地方部队的主力迅速壮大起来。至1948年10月间，五指山的陈英中队和江金中队分别发展到100余人。全五指山地区部队发展到600余人，成为五指山地区小型的地方主力部队。除此之外，各乡还有30人的地方小队，极大地壮大了五指山地区的革命力量，促进了人民解放事业的发展。

四会绥江河以西的石狗、曲水、万洞等地，广宁河西的许多地方，从第一次国内革命战争失败后至1949年10月近20年的时间里，曾有许多土匪在当地活动。其中，除少数是职业惯匪之外，多数都是因生活困难或逃避抽兵而被迫上山"落草"的，其中90%以上是农民，又以不脱离生产的季节性的土匪居多。在绥江下游甚至还有曾经参加过共产党、只是在西江党组织停止活动以后才被迫上山为匪的，这些人当中，有的还是土匪头子，有的还有一些革命意识。争取和利用这些土匪，对于发展该区的革命形势是有一定作用的。相反，这些土匪就会成为革命的阻力。坚持在河西活动的欧新、林锋等领导同志对此有深刻的认识，因为以前在执行对待土匪的政策问题上曾经出现过或"左"或右的错误，影响了该区工作的进展。在吸取了以前的教训以后，他们按照当时共产党的有关指示，采取了如下三点正确对待土匪的政策，从而把一部分土匪争取过来，使革命的阻力变为革命的助力。这三点正确对待土匪的政策是：

第一，对大多数土匪采取争取团结、限制和改造的政策。一方面尊重他们的生活习惯，善于利用其对敌仇恨、反对压迫、反对专制的一面；另一方面又与其违反人民利益的一面做斗争，做好教育改造工作。游击队对土匪的基本要求，一是不准抢民众的东西，不得破坏各项政策的推行；二是对敌斗争要采取联合一致的行动，但联合不是合并，组织上与他们严格分开，只同流不合污。由于游击队执行了正确的政策，大多数经过教育的土匪，后来都回家种地，改务正业了。

第二，对极少数地主或破落地主出身的惯匪（又名"职业土匪"），则采取孤立、打击、消灭的政策。这类人是地主、敌乡保长、土匪三位一体的国民党政权统治乡村的主要支柱之一。他们纠结当地的恶霸地主、敌乡保长，互为利用，狼狈为奸，不愿接受解放军的政治影响。但游击队在打击的同时，没有忘记打击的目的是为了争取这部分土匪中的多数。后来游击队镇压土匪头子纪三、惯匪王秋，就起到了杀一儆百的作用。

第三，对一批出身于贫苦农民家庭的、只是在每年青黄不接时期才活动、平时主要靠劳动收入的季节性土匪，游击队采取的是团结帮助、限制、利用的政策。这类土匪有100多人，他们活动于绥江河西岸地区。部队做了工作以后，他们能够做到完全听从游击队的指挥，配合游击队开展对敌斗争。在锄奸工作、检查船只税票、带信入敌区、保护交通人员、张贴标语等方面都起了一定作用。但对他们同样也有一定限制，不准抢劫，不准继续发展土匪组织，不准到游击区活动。由于这类人的主要经济来源从税收中得到了解决，所以他们也乐于接受游击队的限制和改造。

四会县的反动乡长，除个别以外，多数是由中小地主士绅充当的。保甲长的成分除少数是中小地主之外，大多数是贫农、中农。由于他们长期为国民党服务，受国民党的传统思想影响较深，因而在人民群众中的威信很低。他们是国民党反动派压迫剥削广大人民的最基层。然而，做好这一部分人的工作，对于发展革命形势还是可以起到一定作用的。

1947年6月间，国民党反动派起用高佬五、牛皮四等捞家组织反动武装，并在沿河设立反动税站干扰游击队税站的正常工作。欧伟明对此立即组织武装流动队予以打击，巩固了游击队在这一带活动的根基。

1948年2月，国民党反动派培植的许锡基匪帮东山再起，在万洞等地建立反动据点，设立反动税站，干扰和破坏税站的正常活动。活动于绥江两岸的游击队，及时对许锡基匪帮进行多次打击，许匪不敢对抗，许的税站形同虚设。

四会解放前夕游击队的活动

四会县的威整是广宁、四会、清远三县交界的小圩镇，这里商业繁荣，是广宁、清远广大游击根据地通往广州、香港的门户，地势险要，历来为兵家必争之地。因此，当地反动势力也比较强大，常有四会县的县警中队驻守，还有几层楼高的敌兵炮楼，一个小圩镇就有5挺轻机枪，而且敌军守卫森严。

吴汉武工组秘密进入威整以后，通过深入发动群众，首先接收了在当地有些影响力的周伙金加入武工组，使部队在威整有了自己的耳目。接着，又策动威整的反动自卫队队员罗庆芝携械加入武工组。

四会游击武装队伍的迅速发展，一度引起当地敌人的注意。以威整乡的反动乡长陈镜雄为首的地方反动势力，组织了一支50人的自卫队，驻扎在威整桥步的炮楼，加紧进行反革命训练，经常横行乡里，欺压群众，不断地对游击队活动的地方四处"扫荡"，反动气焰十分嚣张。为扫清解放军进行革命活动的障碍，边区联队队长冯光、周明等领导决心拔掉这颗"钉子"。

1947年7月21日，冯光、周明等率领主力苏陶武工组联合进攻桥步炮楼的陈镜雄的反动自卫队。这次行动，由于摸营时过早被敌人发觉，双方对射了一会以后，武工组撤离阵地。此役，虽然未能攻陷敌炮楼，只打死2名敌哨兵，但是已给敌人一个"下马威"。从此，陈镜雄自卫队的反动气焰有所收敛。此后，在四会活动的解放军又先后5次出击威整，取得了几次重大胜利，威整乡的地方反动武装便土崩瓦解。边区联队也在战斗中不断地成长起来。

四会武装游击队在五指山周围乡村，深入发动群众，广泛开展游击活动和反对国民党反动派征粮、征兵、征税的斗争，引起了敌人的极度仇恨和恐慌。

1947年的一天晚上，游击队队长陈英和队员许思珍、潘泽、严凤仙与地下党员陈伯康，在黄田沙塘坑石坳村开会，研究开展游击活动和反对国民党的"三征"等问题。会议结束后，除陈英因急事赶回五指山外，其余人员分别留宿在当地堡垒户程桃和冯四的家里。第二天天将拂晓，一支由广宁春水来的地方反动团队扑来石坳村"围剿"，把石坳村重重包围起来后，荷枪实弹的敌兵窜到群众家里，抢掠财物和搜查共产党游击队，同时把全村男女老少驱赶到村中的地坪上集合，追查共产党游击队的去向。留宿在群众家里的游击队队员许思珍一听到敌人来"围剿"，就立即藏到附近一间柴屋的阁楼上。当敌人驱赶群众去村中地坪集合时，他又趁机离开柴屋，返回五指山去了。而游击队女队员潘泽、严凤仙和地下党员陈伯康，一时无法藏匿转移，他们与村中的群众一起被敌人驱赶到村中的地坪上集合。混在人群中的地下党员陈伯康为了使群众免遭毒打和保护其他游击队队员的安全，挺身而出。两个气势汹汹的敌人不由分说便把陈伯康按倒在地上，又用枪头撞，又用大脚踢，接着又把陈伯康架出地坪，推到村边，向天打了三枪。他们企图借此威逼陈伯康说出游击队的下落；也想吓唬群众，从群众身上得到游击队的去向。敌人的阴谋始终没有得逞，又只好把陈伯康从村边推搡回来，用绳捆绑着，同时还绑了20多名无辜群众，回春水去了。

敌人走后，潘泽和严凤仙立即赶回五指山游击队总部向领导人叶向荣汇报了这个情况。游击队领导人立即研究对策，发动群众与敌进行坚决斗争。经过许多周折，终于把陈伯康和20多名群众救了出来。

1948年9月下旬，两广边区地方反动武装"扫荡"四雍以后，又集中兵力向五指山游击根据地扑来，要与解放军主力决战。这时，东风团（独立团）主力和粤桂湘边纵队司令部机关已从四雍突围到了五指山根据地。为了打击当地反动武装的气焰，粉碎各地反动武装联合"扫荡"五指山的阴谋，东风团主力主动出击江谷上源敌军，歼敌一个分队，连续烧毁敌人7座炮楼。后来在敌人联合"扫荡"下，部队几次伏击敌人均未成功，开始处于被动，加上近一个月的连续作战，粮食和弹药消耗大，得不到及时补充，处境十分困难。若与敌人继续周旋，则更加不利。10月中旬的一天，粤桂湘边纵队政委梁嘉召集司令部和东风团的主要干部研究，决定当晚向清远转移。当晚，解放军数百人轻装行动，每个战士负重不超过12斤，路经地豆、威整，紧急行军。部队行军至四清交界的威整羊角尖时天才发亮，但几百人的部队仍然没有歇脚，抓紧时机向羊角尖山攀登，一直爬上山顶以后，部队才稍事休息，各自用口盅烧饭，草草吃完饭后又立即行军，越过羊角尖山顶，不久就到了部队的驻地车工洞。

11月15日，东风团和苏陶部队为了解决部队冬衣和补充给养问题，又一次采取联合行动出击威整圩。当时威整的陈学甫、黄光华两户反动商家骄横奸诈，鱼肉乡民。那天苏陶、欧新两部160人，进攻威整。威整自卫队不敢对抗，部队顺利进入威整圩，从陈、黄两户反动商家没收了大量布匹。事后发现没收的布匹中有部分属于正派商家的，部队以稻谷折款的方式，补偿给正派商家。

1948年冬天，国民党四会县政府获悉游击队在四会迳口一带活动，便派了80名县警队员来迳口拉什坑"搜剿"。游击队依靠群众迅速转移到安全的地方，敌人扑了一个空。县警中队中队长既气又恼，把"白皮红心"的保长林十四抓来质问。林十四不慌不忙，机智地回答了敌人的问话，绘声绘色地把游击队的活动和装备说了一番，故意夸大游击队的力量，把县警中队中队长吓得慌里慌张地溜了回去。从此，四会县警大队再也不敢去迳口了。

1949年4月25日，敌三区保警第四中队、三区荣誉第一中队一部和三区炮兵排及部分地主反动人员共400余人，向黄田五指山地区发动进攻。欧新率独立团和地方军队1000余人重创来敌，敌几个中队数百人被打得狼狈逃窜，部队乘胜追击。毙敌排长以下30余名，缴获炮弹和各种军用物资一大批。

1949年5月初，独立团、贺支一团、连支三团及地方武装1500人联合行动，把五指山地区的冼田炮楼、铁桥炮楼的守敌上百人围个水泄不通。先是开展政治攻势，向守敌喊话，促敌投降。在守敌负隅顽抗、拒不投降的情况下，采取军事进攻，烧毁2座炮楼，全歼两地守敌90人，攻下了敌人设置的2个重要堡垒，为打出江谷、地豆扫清了障碍。冼田攻坚战的重大胜利，威慑了江谷、地豆、威整等地敌人。

5月20日，独立团等主力团队进军地豆圩。部队逼近地豆圩时，该乡敌乡长派出联络员与独立团搭线，表示愿意和平解决，不与解放军对抗。部队领导人吴声涛乘机向来使宣传共产党的主张，叫来使回去通知该乡长，愿意"学北平"的立即放下武器。该乡敌乡长表示愿意"学北平"和平解决，于是部队不费一枪一弹进驻了地豆圩。接着，罗源敌乡长派人到三团来搭线，表示愿意谈判。该团不久便派威整武工组队长梁奇等到罗源乡与该乡敌乡长谈判。经谈判，该敌乡长接受了解放军提出的条件，听从安排，继续以乡长的身份应付时局，保护当地人民的生命财产安全。

部队回师地豆后，在审讯俘虏时得知威整尚有一个县警中队将要开出地豆，部队立即在莲子迳设伏。5月22日上午9时，敌军从威整出发。当敌军进入莲子迳伏击圈时，部队迎头痛击，当场击毙敌人10余名，缴获步枪10余支，其余敌人四散逃走。

绥贺支队独立团、第一团从营脚撤兵以后，回到下寮稍作休整，得知威整敌人由于游击队在冼田歼灭战中的重大胜利，特别是四会县县警中队两次遭受沉重打击，接着又听到解放军要回师北归的消息，已经吓破了胆，混乱不堪的情况，1949年5月29日，又派出部分主力和威整武工组打回威整。5月末，解放军大军压境，枪声一响，敌人早已闻风而逃，部队没有受到任何阻力便顺利进入了威整圩。控制威整圩后，立即委派威整武工组队长梁奇任四会县第一个军管会"威整军管会"的主任，对威整实行军事管制。游击队部分主力在威整停留了三四天，独立团派出团部政工人员和威整武工组队员到街头和附近各个乡村宣传党的政策，张贴安民告示，在圩镇召开商民代表和士绅代表座谈会，敦促他们守法，不准乱说乱动。

6月，连支三团和绥贺一团从下寮一带撤回清远秦皇山和四会威整一带休整，派出更多战士和政工队队员下乡，进店散发传单，筹集军粮军饷，并召集附近30个比较顽固的土豪劣绅到威整圩开训诫会，对其进行形势教育，晓以大义，并勒令其立即交出武器。部队在威整圩休整宣传了4天后，为了适应各地和全省解放的形势，又主动撤出威整圩。

由于绥贺支队和连江支队部分主力接连打了几次胜仗，引起当地反动势力的极大恐慌。6月上旬，肇清师管区急急忙忙调动地方主力，保四师2个团（缺一个营）、保二师一团5个营和当地反动武装6个营以上的兵力，共数千人，窜来广四清边区进行

"扫荡"。敌保二师一个团在地豆圩驻防，6月5日开始进攻，敌人找不到主力，到处烧杀抢掠，当地人民受害不浅。保四师2个团于6月到清远三坑"扫荡"，连支三团和绥贺支队独立团，连支一团采取联合行动反击敌人，毙伤敌40人。游击队采取迂回运动战术，打了就走。因为这是游击队长期活动的地方，游击队对地形十分熟悉，而敌人则十分害怕遭遇伏击，不敢进山，于是在6月中旬，敌保四师、保二师便相继撤出四会石狗、黄田、威整边区。

1949年6月下旬，敌保四师、保二师撤走后，只有当地的县警中队、三坑的潘汉岳自卫队维持摇摇欲坠的地方政权。一天，绥贺支队第一团"建国队"的江金等，得知敌潘汉岳率自卫队到广宁排沙配合当地反动武装"围剿"游击队，立即部署兵力在潘汉岳回三坑必经之路江谷古槽山顶设伏。当敌人进入伏击圈，江金一声令下，把敌人打得到处乱窜。是役，潘汉岳被击伤，被敌兵救了回去。游击队毙敌1人，伤敌2人。

7月6日，粤桂湘边纵队连支三团和绥贺支队独立团的部分主力采取联合行动，向威整守敌发起第四次攻击。连支三团派麦乃、关赞、陈钊、莫苏等率领3个主力连队负责配合独立团行动。是日天亮前，部队把威整守敌团团围住，企图负隅顽抗的敌人被击毙一批，其余敌人纷纷放下武器投降。共俘敌40人，缴获轻机枪3挺，猪笼机枪1挺，掷弹筒1个，长短枪63支，子弹2000余发，敌文件1箱。

1949年7月中旬，彭国宏、刘金等武工组人员在迳口蕉坑活动，与迳口敌乡长潘碧初的敌自卫队八九人在蕉坑相遇，当时敌人正好在该地征钱粮。彭、刘等机智地把他们包围起来，缴了他们的武器，在对其进行形势教育后全部释放。可是这些家伙不死心，当晚组织数十名自卫队队员来蕉坑"围剿"武工组，几个武工组队员与敌人展开激战，随后突围。是役，彭国宏受轻伤，其余无损失。

7月30日，连支三团100人袭击了驻威整白石、大洲的自卫队，缴获机枪1挺，步枪5支。威整敌自卫队经多次沉重打击，已经溃不成军，敌乡公所的人员已不敢在威整办公，将乡公所搬到地豆塔崀去了，威整全境被游击队控制。

四会广四清边游击队经过半年多的积极活动，队伍得到迅速发展，到1949年夏天，该部队已发展到70余人，活动范围迅速扩大。

配合挥师南下解放军的斗争

1949年4月21日，国民党反动政府拒绝签订和平协定。毛泽东、朱德发布向全国进军命令，命令各野战军和南方各游击区人民解放军奋勇前进，坚决、彻底、干净、全部地消灭敌人，解放全国人民。22日，国民党反动政府由南京迁到广州，做垂死挣扎。5月7日，华南分局发出《关于大军渡江后的工作指示》，要求各地党委在大军未到之前，必须将农村完全解放，以便大军集结力量解放城市及追歼残敌；同时要求各地党委抓紧城市接收准备工作，以便大军到达时有计划地接收城市。

解放战争中，在中国人民解放军势如破竹的大好形势下，绥贺支队、连江支队部分主力于1949年5月29日从地豆塔崀追歼反动地方武装，经下寮一直打到营脚，取得重大胜利。四会县反动政府惊恐万状，急急忙忙迁到西沙，并且急电向肇庆求援。当晚，肇庆敌保四师及四会保安队1000多人向游击队驻地营脚扑来。为了分散敌人兵力，减少主力部队的压力，做好迎接南下大军解放全广东的准备，部队领导再次派陈德率周林、谢剑影、杨南、吴奇等4人组成武工组，到大南山、大旺草塘一带活动，开辟新的游击区。陈德、谢剑影等5人立即从下寮出发，挺进大南山。

大南山位于绥江下游平原东侧，紧靠北江。以陈德为组长的武工组按照党组织的指示，再次来到大南山。吸取第一次未站住脚跟就暴露目标的教训，武工组这次采取隐蔽活动的方式，深入群众，扎根串联。初期队伍发展比较慢，不能适应革命发展的需要。当地群众初期对这支武工组也不了解。后来武工组通过艰苦深入的宣传工作，争取到在当地群众中有一定影响的小学教师罗曼秘密加入游击队，协助游击队工作。罗曼原来是洪门党的一个小头目，有一批洪门子弟，与共产党取得联系后，思想觉悟迅速提高，为游击队做了许多工作，扩大了宣传范围，吸引了一些新同志参加游击队。至1949年7月，大南山的游击队发展到15人。队伍发展起来以后，活动范围广了。为提高这些新队员的素质，武工组领导派周林利用战斗间隙时间对新队员进行军事训练，派陈德对他们进行思想政治教育。1949年7月30日，大南山游击队以国民党东河乡公所所丁陈祥兴为内应，袭击东河乡公所。当时东河乡反动乡长苏健购买1挺机枪和10多支步枪回来，准备成立反动自卫队。由于战争形势发展迅速，许多人都不愿意为反动政权卖命。苏健只好用高薪勉强搜罗几个"老差骨"和流氓、地痞加入自卫队，但与苏健原计划人数相差甚远。为打乱苏健的计划，大南山游击队决定袭击乡公所。在陈祥兴的接应下，游击队一枪未发，便缴获机枪1挺、步枪5支、短枪20支、子弹2000余发。除苏健仓皇逃走以外，其余人员（包括3个县武装收税人员）全部被俘。游击队对被俘人员进行了宣传教育，然后把他们锁在一间房里，才从容撤离该地。

1949年8月上旬的一个深夜，大南山游击队通过谢剑影与清莲乡公所乡丁谢十的师生关系，首先把谢十争取过来，不费一枪一弹，缴获该乡公所猪笼机枪2支、步枪4支、子弹4箱，并且烧毁了所里存放的户籍册、征粮册。

由于接连两次袭击敌乡公所都取得成功，缴获不少武器弹药，所以大大改善了大南山游击队的武器装备。通过战斗实践，新战士得到了锻炼，提高了认识。大南山游击队的影响也大大扩大，队伍也在战斗中得到较快发展。至8月上旬，大南山游击队已发展到60人，成为四会一支重要的武装力量。这时罗曼和罗展芬兄弟俩也因袭击清莲乡暴露，便正式参加游击队。

　　为便于领导，也为了有利于加强部队的训练，提高部队的素质，大南山游击队领导决定将60人编为两个排。第一排以梁四为排长，第二排以梁宝仁为排长，并安排时间让他们在大南山进行军事训练和政治学习。当时陈德有病，不宜四处活动，因而留在大南山负责军事训练和政治学习等工作。谢剑影带领一个组在清塘营脚、清东、上林一带活动，一是侦察敌情，掌握敌人的动向，为下一步活动做好准备；二是保证大南山游击队的学习和训练顺利进行。

共产党领导下人民政权的建立

　　大南山游击队经过一段时间的整训和学习，提高了部队的政治素质和军事素质。为建立一个巩固的大南山游击根据地，推动四会人民解放事业向前发展，粤桂湘边纵队党委和绥贺支队领导决定，在原大南山游击队的基础上成立"粤桂湘边纵队绥贺支队四会独立第一大队"，并任命陈德为大队长，陈锋为教导员，谢剑影为副大队长。

　　四会独立第一大队成立以后，各地武工组又发展一批战士，整个队伍发展至120余人。接着从中挑选一部分熟悉地方、有独立作战能力的战士组成小型武工组，分别在上林、清东、蚁田、内凤、营脚等地开展群众工作。大队则以大南山为基地，经常到太平坑、虎板坑、陈村、黄泥塘等地活动，扩大部队影响。

　　1949年春，中国人民解放军经过辽沈、淮海、平津三大战役之后，取得了解放战争决战决胜的伟大胜利。国民党政府眼看大势已去，惶惶不可终日。但是，敌人梦想挽回败局，仍然不惜一切代价，组织力量负隅顽抗。6月中旬，国民党四会县当局命四会县警另派一个中队去加强威整防守，同时积极支持当地反动势力，拼凑成一个由威整乡乡长兼任队长、罗瑞任队副的七八十人的自卫大队。这支反动自卫大队组建起来后，白天招摇过市，耀武扬威；晚上却因害怕游击队袭击，龟缩在一间大祠堂里，并采取所谓"民防民坐"的办法来对付粤桂湘边纵队的进攻，整个圩镇警戒森严。为了扫清前进的障碍，粤桂湘边纵队连江支队三团受命，速战速决消灭这股敌人。

7月5日的深夜，天空没有丁点星光，只听见蚊子的嗡嗡叫声。连江支队三团的指挥员们紧紧地围坐在一只小煤油灯下，研究作战方案。为了集中兵力，更快消灭敌人，连江支队三团决定把所有兵力（包括武工组）临时编成三个作战连。一连首先神不知鬼不觉地占领敌驻地祠堂背后的一个山头，负责警戒，待机出击。为了防止敌人在战斗打响后向南逃窜，三连据守威整镇的西南侧翼，负责截击敌人。二连作为这次战斗的突击队，担任主攻任务，直逼敌驻地。三个连进入阵地后，对敌人形成了瓮中捉鳖之势。天将破晓，"砰——砰——砰"三声进攻的信号枪声划破了寂静的夜空，担任主攻任务的二连指战员立即向敌驻地祠堂发起进攻。顿时，枪声大作，火光冲天，如同白昼。敌军从梦中醒来，见正面火力密集，根本无法招架，只好慌里慌张地向祠堂后面的山头逃命。敌军刚踏进山地就遭到游击队猛烈火力的截击，无奈只好缩回祠堂，负隅顽抗。但游击队步步紧逼，敌人见包围圈越来越小，就孤注一掷，组织力量突围，企图向南逃窜。为了诱敌出洞，一举歼灭，在敌人突围时，连江支队三团的一连和二连，有意让开一条路，让他们离开祠堂。当敌人全部离开后，一连指战员以迅雷不及掩耳之势抢占了祠堂。敌人没走几步，又遭到三连的截击，顿时晕头转向，不知所措。这时候，敌人前有强敌，后无退路，眼看就要全军覆灭。敌队长狗急跳墙，指挥喽啰兵痞霸占附近民房，企图垂死挣扎。然而，一连、二连指战员乘胜追击，把敌人占领的民房团团围住。对没有人居住的民房就用集束手榴弹攻击，炸得敌人鬼哭狼嚎，死的死，伤的伤。对有人居住的民房，则开展政治攻势，促敌投降。敌人见游击队火力猛、声势大，再不敢顽抗，全部缴械投降。这次战斗，共俘获威整自卫大队队副罗瑞以下官兵60余人，缴获机枪3挺，各种步枪65支和一批弹药，取得了重大胜利。至此，盘踞威整一带的反动势力已彻底土崩瓦解，这一胜利为游击队从山区推向平原，配合南下大军，解放四会创造了有利条件。

1949年8月下旬，四会独立第一大队在蚁田活动的一个武工组，召集蚁田、清东等地10多名反动保长开会，对他们进行人民解放战争形势教育，训诫他们规规矩矩，不准乱说乱动，更不能为非作歹，通敌报讯。大多数反动保长经训诫后都不敢妄动，只有蚁田的反动保长兼蚁田小学校长张方和清东的两个地头蛇苏古、苏扁坚持反动立场，阴险狡猾，阳奉阴违。为杀一儆百，独立大队派何玉、罗曼等前去执行任务，先后将蚁田反动保长张方和清东的两个地头蛇正法。

1949年5月14日，绥贺支队在向上级反映情况的信件中提出，由于广宁、四会、怀集一些反动职员多数是被迫下水，以及过去政策过左等因素，目前重申政策异常重要，尤其是必须有计划、有步骤、有区别地对待地反人员，争取瓦解敌人，各个击破。除了非军事解决不可之外，着重于政治解决，有的先军后政，有的先政后军，有的军政齐下，有的容许两面，但无论哪种形式，必须采取宽大为主、不激化矛盾的原则，因为当时的局势，对争取工作日益有利。四会独立第一大队成立以后，在对敌斗争中，除采取军事行动、镇压个别顽固分子之外，十分注意做好分化、瓦解敌人的工作。

大南山游击区清东白苏坳有个叫叶柏生的人，原是十九路军的一名营长，曾参加过抗日。回到家乡后，敌县长周东曾任命他做过县自卫总队队长，是当时比较有影响的人物。四会独立第一大队的领导分析叶柏生的经历和现状，认为是可以争取的对象。8月下旬，谢剑影、罗曼、周林、梁四、许庚金等同志趁叶回家的机会，轻装上阵，到他家做工作，宣传解放战争发展的形势，指明国民党反动政府即将垮台，并说明叶的老上级蔡廷锴早已与李济深等组织国民革命委员会，发表宣言主张推翻蒋介石的独裁统治，现在已参加人民政协全国委员会，当前是选择出路的时候。通过这样的启发教育，动员叶柏生拉队起义，并且具体谈了起义办法。但叶仍有顾虑，迟迟不敢行动。他表示可以给共产党部队方便，如有军事行动可先给通个信息。后来，他果然给解放军帮了大忙。可惜的是，他终因优柔寡断暴露了自己，在四会解放前夕被国民党以"通匪"的罪名秘密杀害。

1949年9月底，根据华南分局军事部署，南下大军在华南人民武装和广大群众的紧密配合下，分左、中、右三路，自湘赣边界越过五岭，突破敌人"湘粤防线"，沿粤汉铁路两侧向广东进军，于9月24日解放了南雄，并旋即占领始兴。10月7日粤北重镇韶关获得解放。

10月13日下午，解放军十四军四十师解放清远县城后，随即连夜沿北江和北江两岸之铁路、公路及山区小路水陆并进，日夜兼程向南疾驰，追赶逃敌，解放祖国南大门广州。与此同时，解放军十四军四十师之一部和十六支部一个营，在军副政委兼政治部主任郭庆基率领下，沿四清公路直插四会罗源、地豆，在当地游击队的配合下，直奔四会县城。在这期间，沿北江南征的解放军部分兵力，又从三水芦苞渡过北江，向三水、高要方面截击逃敌，在四会黄岗同溃退之敌相遇，打了一仗，歼敌一部，解放军牺牲几名战士。这时，第四兵团陈赓部队没有进入广州，其十五军亦从广州郊区转向西南，追击从广州撤逃的守敌主力。由于西路军穷追猛打，广州逃敌在四会受阻，连遭重创，旋即仓皇折向南逃。敌七十军被南征大军追至四会以西地区，遭几路夹击，师参谋主任以下500人被俘。

在大军入粤作战的时候，华南分局即发布《告广东人民书》，号召广东全省人民紧急动员起来，支援解放战争，彻底扫清残敌，协助接管乡村、城市，建立革命秩序，恢复和发展生产。

10月14日，当解放十四军五十师之一部和十六支队一个营兵临四会城下时，敌县政府及其保安营即向邓村方向败退。南征大军先头部队穿着便衣入城，四会独立第一大队的先头部队亦随即入城。四会独立第一大队的战士进城后，立即帮助大军解决粮食住宿等问题，郭庆基政委召集国民党四会县书记长廖桂清等未逃走的敌县政府党政人员开会。10月16日，四会宣告解放。当天四会独立第一大队主力由陈德、陈锋、谢剑影率领进驻四会。

在此期间，在四会县上区活动的张乃夫率领的武工组已发展至上百人。张乃夫听到南征解放军解放清远，正从清远沿四清公路直下四会的消息，便立即集中各武工组的负责人研究接收县属基层政权和收缴地方反动武装枪支等问题。张乃夫率队首先顺利地接收了地豆敌乡长交出的枪支和各类文书档案。接着，通过做好江谷自卫队队长的思想工作，强令自卫队交出在江谷藏着的全部武器弹药。江谷还有一个恶霸抗拒交枪，携枪逃出江谷，所以张乃夫武工队只接收了江谷圩商团的10支步枪。随即张乃夫又率武工组组员，连夜赶到迳口圩，接管乡政权。得知敌乡长潘碧初携枪往西南镇逃跑，于是接管迳口乡政权后，又派人追捕潘碧初等地方残敌。这时四会独立第一大队和南征大军已接收四会。张乃夫武工组在接管了威整、罗源等地的基层政权后，还协助南征大军解放四会全境。

10月下旬，在南征大军的协助下，成立了四会县军事管制委员会。军管会主任兼县人民政府县长由陈锋担任，陈德担任副主任，谢剑影担任秘书。

　　南征大军和四会独立第一大队在进城的第一天便开始接管城市的工作，摧毁国民党反动政权机构，按系统接管反动政权人员、档案、物资，同时发布各种政策文告，宣传党的政策，巩固社会治安，恢复城市工商业和积极做好支前工作。为把支前工作做好，还成立四会县支前指挥部，由简坚和陈德负责指挥部的工作，蔡斐任指挥部秘书。简坚任中共四会县委书记。

　　为建立和巩固基层人民政权，南征大军还协助当地党政人员在全县建立四个军政督导处和区级人民政府，区政府设立民政、公安、财粮、文教等7个助理。各区建立区中队，区以下设乡，委任正、副乡长和委员，共同管理基层行政工作。

　　为了巩固新生政权，肃清地方反动残余势力，搜捕暗藏的特务，针对四会解放初的社会治安还比较混乱，地方反动残余势力还经常骚扰、暗杀支前工作人员的情况，南下解放军十六支队派出一个团的力量，协助四会独立第一大队和各区中队搞好社会治安，并且根据上级指示精神，镇压一批反革命分子，围剿残存在威整、迳口和大旺草塘等地的匪徒，清理各区乡内部的坏人，使县、区、乡三级人民政权得到不断巩固，为后来恢复国民经济和进行社会主义革命与建设，创造有利的社会条件。

第五章

巩固政权 恢复经济

第一节 巩固新生政权

1949年10月24日，四会成立县军事管制委员会，接管国民党县乡政权，收缴商团、自卫队、别动队和私人武器，确保新生政权的治安安全。但是，残余的恶霸、土匪、大地主和各类反动分子，或明或暗地组织反革命武装队伍，进行抢劫、暗杀和袭击共产党干部的活动，扰乱社会秩序，各个革命老区的情况尤为突出。以大沙区的苏更、周驹为首的股匪，常在四会飞鹅岭和大旺绥江下游一带沿岸勒索过往船只，打家劫舍，恐吓群众；黄田万洞匪首许锡基，纠集匪众持枪与人民政府对抗；江谷土匪恶霸冼喜、潘金、张建中等人甚为嚣张，拒不投降，还成立名为"中国青年反共救国军第五支队"的反革命武装，在江谷一带围攻工作队员，杀害共产党干部，暗杀军政督导员。当时全县各个革命老区的匪敌气焰嚣张，形势相当严峻。

为打击反动势力，安定民心，维护社会治安，巩固新生的民主政权，四会县委、县政府联合当地驻军，在大沙、江谷、黄田、威整、下茆、大旺、清塘等多个革命老区，开展清匪剿匪活动，及时歼灭和镇压了各种匪特分子，收缴一切武器弹药，取得了巨大的胜利。

同时，县公安机关发动群众，开展一场扫除社会污垢的禁赌、禁毒和禁娼运动。1950年至1951年末，四会县人民政府贯彻执行广东省人民政府发出的严禁鸦片烟毒的命令和关于严禁卖淫嫖娼的通令，清查、取缔卖淫嫖娼场所，收容散落于小艇、茶楼、旅馆的妓女，进行教育，敦促其弃劣从良，参加正当职业劳动；开展查处种、制、贩、吸鸦片烟的运动，两次共查处烟毒犯罪人员49人。同时，针对民国时期危害家族幸福和社会治安的赌博恶习，取缔赌场，没收赌具，严禁赌博行为，为巩固新生政权、整顿社会风气奠定了社会基础。

1952年12月15日，中共广四县委召开第二次扩大干部会议，总结土地改革工作，部署土改复查工作。土改复查内容是：查农民协会组织、乡政权干部是否纯洁；查阶级队伍内部是否团结；查漏网地主、富农，改正错划的阶级成分；查地主阶级有没有反攻倒算。同时解决土改遗留问题，颁发土地证等。土改复查工作分批进行，每批时间3个月，把查出来的问题逐一解决，进一步巩固土改成果，巩固农村人民政权。经过历次革命斗争的洗礼，四会以崭新的姿态投入土地改革大潮。

1953年初，县委根据中共中央《关于实行精兵简政、增产节约，反对贪污，反对浪费和反对官僚主义的决定》的文件精神，在县属机关单位开展"三反"（也称反"三害"）运动，揭露和处理了一批贪污分子，纠正了一些浪费现象和官僚主义作风，使干部们克服土改后松散的思想作风，巩固土地改革成果。同时，在私营工商业界开展"五反"运动（也称反"五毒"），即"反对行贿、反对偷税漏税、反对盗骗国家资财、反对偷工减料、反对盗窃国家经济情报"。当时揭露出一些资本家存在偷税漏税、抽走资金、消极经营、解雇工人、偷工减料以及腐蚀干部、挖国家"墙脚"等不法行为，并及时加以惩处。

1953年3月，根据粤中区党委的部署，在县、区、乡干部中进行新"三反"（即反对官僚主义、反对命令主义、反对违法乱纪）运动，对有错误的干部，用批评和自我批评的方法进行教育，对严重的进行批判，使各级干部克服官僚主义和命令主义，转变了领导作风。

1953年4月30日，全县土改复查工作完满结束，并取得了巨大成绩。

在"三反""五反"运动和土改复查工作完成后，四会随即转入到社会主义三大改造的工作上来。

一是对农业的社会主义改造。1953年2月15日，中共中央发出《关于农业生产互助合作的决议（草案）》，部署在农村开展互助合作运动。四会县委、县政府坚决贯彻党中央的指示，召开各界人民代表会议，商讨开展互助合作运动的问题。同时组织干部下乡，在开展互助合作运动过程中，认真贯彻"自愿互利，等价交换，民主管理"的原则，有方法地组织互助组。

据统计，1954年4月，全县有互助组8617个，参加农户34278户，其中常年互助组566个，农户2782户；临时互助组8051个，农户31496户。参加互助组的户数占当年全县农业总户数的65%。

1953年12月16日，中共中央发布《关于发展农业生产合作社的决议》，这是党对农业进行社会主义改造的重大决策。四会县委坚决贯彻执行党中央的指示，召开全县各界人民代表会议，认真学习，深刻领会，加强领导，设立"县委农村合作部"，具体领导农业合作化工作。

1954年3月，县委派出工作组到清塘创办先锋农业合作社，接着各区组织专业干部队伍办点，分别有：地豆镇的农家乐社、石狗镇的幸福社、大沙镇的前锋社、江谷镇的江和社。然后逐步推广到全县各乡村。

首批创办的农业合作社，是在互助组的基础上建成的，因此称为"初级社"。到1954年冬，全县建立初级社53个。由于农业合作社发挥集体力量，农民生产热情高涨，因此当年农业合作社的生产都获得增产增收。至1956年春，全县兴办初级农业合作社713个，入社农户22249户，占农业总户数的40%。

同时，对绥江、龙江河的渔民组织渔业生产合作社。自古以来，在绥江、龙江汇合处，聚集有数百名疍民，沿河摇橹张网，以渔业为生，世代相传。但在旧社会，疍民受到歧视，备受岸上的官僚、恶霸的盘剥压迫，称他们为"疍家仔"，不准其上岸居住，不准其与陆地上的人成亲，还要缴纳鱼饷，渔民成为社会最底层的群体。新中国成立后，党和政府领导民主改革，打倒土豪恶霸，疍民获得翻身解放。1950年全县捕捞各种鱼类共90多吨，此后几年，每年产量都达到100吨以上。1953年成立渔民协会，组建渔业生产合作社，并在四会沙尾绥江河畔划地兴建"渔民新村"。过去世代受欺凌的疍民，终于在陆上安居乐业。

经过土地改革，废除了几千年的封建土地所有制，推行实现农业合作化，把土地私有制变成国家、集体所有制，这是对农业进行社会主义改造的伟大成果。

二是对手工业的社会主义改造。新中国成立初期，全县手工业有制鞋、车缝、铁器、木器、草席、竹器、会纸、雨伞、雕刻、食品加工等18个行业，402家，从业人员1016人。还有一批零散的玉、石、木雕刻匠人。

对铁木加工、车缝、制鞋业的改造。1954年，县政府设立手工业管理科（后改称"二轻局"），加强对手工业的领导和管理。首先召开手工业者代表大会，组织学习党的总路线和有关文件，提高其思想认识，贯彻"积极领导，统筹兼顾，全面安排"的方针和"自愿结合"的原则，组织手工业合作社，走集体化的道路。在四会首先建立新星木器生产合作社、高观铁器农具生产合作社、汇源铁器农具生产合作社，新建木器生产合作小组、"五一"车缝组、仓岗车缝二组、高观车缝小组、红星竹器小组。在农村有威整、地豆、江谷、石狗、大沙等圩镇建立铁器、木器、车缝小组。

1956年，随着农业合作化的发展，农业生产的铁木工具需求量很大，农民日用品需求也日益增加，县委、县政府因势利导，把原来的手工业小组、合作社合并，发展生产。四会把新星木器生产合作社、新建设木器小组合并为新新木器生产合作社；把高观、汇源铁器社合并为建星铁器生产合作社；把红星两个竹器小组合并为红星竹器生产合作社；把"五一"、仓岗、高观等几个车缝组合并为"五一"车缝生产合作社；把林明记、三义、同星、长城、合德、大光、景昌等个体鞋店组成中山鞋业生产合作社。同时各圩镇的手工业小组也合并为生产合作社。至此，全县有手工业生产合作社29个，生产合作小组41个，从业人员1218人。这些手工业合作社，健全组织领导和经营管理，改善劳动组织，开展增产节约运动，大大降低了生产成本，提高了产品质量。

对竹、草编织业的改造。江谷广大村民，历来有利用本地竹、草资源手工编织日用品的传统习俗，是闻名遐迩的"编织之乡"。

农业合作化以后，政府加强领导，建立编织厂和经销公司，大力发展生产，很多群众依靠编织业致富，可谓"巧手织出富裕花"。

对木、石、玉雕刻业的改造。在手工业中有几种特别精致的在民间流传久远的手工艺——木雕、石雕、玉雕。新中国成立之初，四会城乡各地有一批雕刻工匠。手工业合作化后，他们有的参加木器社，继续为家具雕刻服务。印章雕刻工匠就组织起来，成立大文印章雕刻生产合作小组，从业者6人，经营业务收入不错，当年就为顾客雕刻各类印章14915枚。

　　玉雕工艺是四会传统的手工业。民国时期，迳口、地豆、大沙等地就有农民到广州、佛山和香港等城市从事玉器、象牙、骨、核等雕刻行业。农业合作化后，兴办社队企业，迳口、地豆和县城办起了玉器工艺厂，这些玉雕老匠人，成了厂里的师傅、骨干，甚至当上厂长。招收学徒，使手工玉雕匠人队伍不断壮大。

　　三是对私营工商业的社会主义改造。新中国成立初期，党和政府的主要任务是尽快恢复国民经济，建立起新的经济秩序，进行有计划的经济建设。根据《中国人民政治协商会议共同纲领》的规定，全县对民族资产阶级的资本主义经济，予以保护，合理地调整国民经济与资本主义经济之间，资本主义私营企业中的劳资之间、产销之间的关系。国家给予政策、资金等适当照顾支持，使私营工商业正常经营，稳定城乡经济市场秩序。

　　从四会的实际情况来看，大多数的资本主义私营企业主是好的和比较好的，能遵纪守法经营。但是，也有少数不法商人乘新中国成立初期党和政府忙于清匪反霸、抗美援朝和土地改革之机，以其唯利是图的本性，唯恐市场秩序不乱，不服从国营经济的领导和工人群众的监督，公开或暗地里进行囤积居奇、哄抬物价、偷税漏税、偷工减料、无故解雇工人、盗窃国家资财和经济情报等违法违纪活动。有的不法资本家软硬兼施，用"糖衣炮弹"对一些干部进行行贿收买；有的采取阴险隐蔽的"三停"（即"停业、停薪、停伙"）、"三光"（即"吃光、花光、亏光"）的卑鄙手段，或抽走资金，企图搞垮商业企业，造成工人失业，扰乱城乡经济。

　　针对如此严峻的形势，四会县委、县政府坚决贯彻党中央的指示和部署，成立由县长李春桂亲自挂帅的"私改"工作机构。同时召开全县各界人民代表会议和工商业界代表会议，大张旗鼓宣传、学习党在过渡时期的总路线，使广大干部群众认识到"中国的私营资本主义工商业"是一个不可忽视的力量，资产阶级唯利是图的本质必然对国民经济产生破坏作用。县委抽调130多名干部，组成"私改"工作队，组织广大工商业者认真学习党中央的有关指示精神，提高思想认识，引导他们走公私合营之路，接受社会主义改造，然后自愿申请加入行业的公私合营，并组织工商业界队伍，由红旗引路，手捧大红双喜字，敲锣打鼓，向县委、县政府报喜，全面掀起"私改"高潮，同时分别纳入国家资本主义轨道。其时，四会有私营商业（含小商贩）540户，其中公私合营的180户、合作商店79户、合作小组247户，占改造面93.7%；农村圩镇共有643户，其中公私合营的有35户、合作商店有314户、代购代销的有120户、经销的有106户，共占改造面89.4%。

根据上级有关指示精神，按照"量才录用，适当照顾"的原则，认真对资方人员进行思想改造工作，组织他们参加学习班，学习政治理论和有关政策，宣布实行"三不"原则（即"不打棍子、不抓辫子、不戴帽子"），发动他们联系实际，畅谈对私改政策的体会。同时，组织他们参加社会义务劳动，培养工农感情，密切工农关系，使之成为真正的自食其力的劳动者。在公私合营中量才录用，有计划地安排资方人员当正副厂长、正副经理、门市部主任、组长等职务，共安排200多人。至1956年底，全县参加公私合营的行业有23个，共220户，组织合作商店594家，合作小组410个，从业人员611人，占公私合营总人数的90.7%，达到了广东省委关于1956年基本完成全行业合营或合作化改造的工作要求。

1956年春，四会县委根据中共中央1955年7月发出《关于展开斗争肃清暗藏的反革命分子的指示》，以及省委和地委的部署，开展机关内部的肃反运动。

肃反工作先后分五个阶段进行，首先在党政机关和学校开展，其次到其他企事业单位开展，最后分别在各革命老区同时开展。在运动中，通过集中学习、政策宣传、自我交代、检举揭发，以及内查外调，终于查清一批干部、教师的家庭出身和政治历史问题。对于这些人分别给予行政或党纪处分，一部分仍留在革命队伍限制使用，一部分被开除公职，个别隐瞒历史罪恶、情节严重的被判处徒刑。

1956年10月，县委又按照中共中央《关于审查干部工作同肃反斗争结合进行的指示》，对全县各级干部（职工）进行全面的政治审查。县委成立领导小组，设立办公室。文教、财贸、工交等战线也分别设立办公室，开展审干工作。当时开展审查干部、教师、医务人员、营业员等，发现有政治历史问题并下结论定性的有446人；有一些问题而难下结论、只写出调查报告的140人，其中干部64人。对审查后发现有问题的部分教师和其他职工，一般仍留在原单位工作，但是在使用上做内部限制。

1957年2月，县委组织机关、学校、企事业单位的干部、教师学习毛泽东主席《关于正确处理人民内部矛盾的问题》的讲话，开展以处理人民内部矛盾为主题，批评主观主义、官僚主义和宗派主义的整风运动。对有错误的同志采取"团结—批评—团结"的方针去处理，即从团结的愿望出发，通过批评和自我批评达到新的团结。不久，县委根据6月8日中共中央发出《关于组织力量准备反击右派分子进攻的指示》，7月16日，以县委宣传部名义印发《坚持社会主义政治路线，粉碎右派分子的猖狂进攻》的学习报告提纲，摘录全国各地右派分子反党反社会主义的言论，供干部职工分析批判。8月中旬，县委又发出《关于开展反右派斗争的宣传》文件，部署全面开展反右斗争。县委成立领导小组，设立办公室专抓这项工作。反右斗争首先在文教战线开展。12月，全县中学教职工集中在高要专区（在肇庆）进行"整风反右"斗争，至1958年3月结束。最后按照政策界线经县委批准定性，全县被划为"右派分子"的共有150人。

在机关整风运动中，又以"反对地方主义"为内容进行大鸣、大放、大揭发、大批判，最后划定3名干部为"地方主义分子"，均受到撤职降级处分。

1959年9月17日，中共中央发出《关于摘掉确实悔改的右派分子的帽子的指示》，全县开始分期分批为"右派分子"摘掉"帽子"。1959年至1964年摘掉"帽子"的共84人，1972年至1975年摘掉"帽子"的共5人，其余的于1978年全部摘掉"帽子"。至此，四会为所有的"右派分子"摘除"帽子"。

这一时期，四会在进行肃反和整风运动的同时，开展了经济领域的恢复工作和全面歼灭血吸虫病的伟大战役。

在经济领域，一是在农业合作化运动的基础上，进一步完善和提高了农业生产合作社的组织形式以及生产管理能力，使农业生产合作社组织与生产力基本相适应，从而加速了农业生产的发展。1957年，农业总产值比1949年增长42.6%。二是把部分私营资本主义工业，如发电厂、碾米厂、印刷厂、火柴厂、食品厂、机械厂，运用赎买政策转为国营企业，作为县的工业基础。1957年，全县有工业企业112家。其中全民所有制的有17家，集体所有制的有81家，合营、联营的有14家，工业总产值比1949年增长79.7%。

在卫健领域，主要是进行了血吸虫病防治的前期性、基础性工作。根据党中央、广东省委有关消灭血吸虫病的指示精神，四会县委高度重视消灭血吸虫病工作。1956年5月成立了四会县血吸虫病防治站。同年10月，全县开始查螺报螺工作。经调查证实，四会县属血吸虫病湖沼型疫区，分布在迳口、大沙草塘的69个村庄。这些村庄含有钉螺的草塘面积达8666公顷，疫区每平方米有钉螺45只，密度最高的地方有钉螺2934只，钉螺感染率平均为9.04％，最高为56％；历来累计血吸虫病患者有1.57万人，其中属晚期病患的有1180人，疫区人群粪检感染率平均为39.5％，最高的村庄为75.9％；另外，发现患血吸虫病的耕牛974头，牛感染率为4.7％。1956年5月建立四会县血吸虫病防治站，站址设在第三区三界市，由张经和、张金任正、副站长。

在党中央的高度重视下，根据广东省委的指示，四会县委立即投入消灭血吸虫病的战斗。1957年秋，广东省成立血吸虫病防治领导小组，要求三水、四会两县由主要领导负责，成立血防五人领导小组，由县委副书记、县长李春桂任组长兼水利工程总指挥，下设办公室。各乡党委、人大常委委员会相应成立三人领导小组，把血防工作列入党委议事日程。合并广宁、四会两县后，广四县长梁树桐任总指挥。广四县在消灭血吸虫病工作中，采用以水（水利）、垦（围垦）、种（种植）、灭（灭螺）、治（治病）、管（管粪、水）等几项科学措施。

一是彻底改善疫区的水利设施，打好歼灭钉螺第一仗。1958年1月，县委动员全县14个乡21000名民工奋战7天，建成长1836米、土石方28.3万立方米的迳口围，为围垦灭螺工作做好了准备。1958年8月，省委建立国营大旺农场，开展草塘围垦、灭螺工作。广四县委抽大沙、清塘、江谷、石狗、地豆和古水等9个公社14000名民工，奋战半年，完成130万土石方，基本完成北江、绥江的干堤第一期工程以及迳口草塘漫水河干堤、水迳水库、枕头湾水库等工程，堵住河水入侵。

同时开始兴建大旺草塘上游、集雨面积48.8平方公里、蓄水1660万立方米的龙王庙水库。

二是在大旺、迳口的大草塘，广泛开垦土地、鱼塘，发展种养业。1958年2月，省委决定建立大旺机械化农场，大批广州、汕头上山下乡知识青年进入大旺。在草塘开垦格子化良田4万余亩，种上水稻、水果、甘蔗等作物。对有钉螺的稻田，田基都彻底去除杂草，甚至用砖石、水泥混凝土建造，这样就铲除了钉螺的滋生环境，达到既消灭钉螺又生产粮食的目的。同时，对于大草塘中适合养鱼的地方，先围建起连片、四周有稳固塘基的池塘，然后周围的所有水池一块同期施药，杀灭钉螺，最后换水放鱼苗。很快，大旺、迳口两个血吸虫重灾区，变成了鱼米之乡。

三是运用科学方法，消灭钉螺。大旺、迳口草塘有钉螺的沼泽水区9万多亩，钉螺的密度是全省最高的地方。在充分调查研究的基础上，广泛听取专家和当地老农的意见，经过反复实践，县委制订了周密的消灭钉螺方案：（1）用拖拉机翻土。在冬天较干旱的时候，用6台拖拉机不分昼夜地工作，将所有草地全面翻土，把钉螺深埋地下，将其压死、闷死。（2）高温灭螺。把已经割下芦苇的芦头和草根地皮，用喷火器高温烧杀，把钉螺烧死。（3）在低洼积水的地方，撒施、喷洒五氯酚钠灭螺药和石灰，进行药杀，让钉螺彻底失去滋生的环境。

四是全面开展血防工作。对血吸虫病的患病者，主要集中在四会县血防站免费治疗。在四会县委的重视下，1956年5月，四会县血吸虫病防治站成立。后来，新建了较有规模的血吸虫病防治站，并迁往五马岗大旺农场场部。四会县委以及各级党委、党支部，还有社会各界都施以援手，全力支持血吸虫病的防治工作。1956年7月，省血防班结业，大批专业防治人员来到四会，充实血防力量，开展大规模防治工作。同时在黄岗圩培训中医33人，时间40天，作为各乡开展血防工作的骨干。同年10月，四会县委召开有各区长、乡长参加的第一次县血防工作会议，部署了全县群众性查螺灭螺工作。同时，组织粪检组首次对血吸虫病流行最严重的上林、外凤乡开展粪便普查。1957年，开始组织血防人员进行大规模的钉螺调查工作。1958年3月，省政府从新会、中山、番禺及珠江农场调来52台拖拉机，开发2个草塘，机耕4万多亩，打响四会垦种、灭螺第一炮。4月，县委在黄岗召开第二次血防工作会议。通过调查，在第三区大沙乡发现钉螺，包括大沙、黄岗、迳口3个大乡、5个小乡、37个自然村。对于感染了血吸虫病的病人，都予以高度的关心，由大队、公社将其送到血吸虫病防治站留医，接受免费治疗，还给予伙食补助。累计治疗1.57万人，其中晚期病人1180人，经过手术切脾的有732人。

第二节 国民经济在曲折中前进

一、"大跃进"至"文化大革命"前

1958年5月，中共八届二中全会制定的"鼓足干劲，力争上游，多快好省地建设社会主义"的总路线公布之后，全县城乡掀起为争取高速实现国家工业化和农业现代化群众运动的热潮。

"大跃进"主要是搞群众运动，很多工作都搞"一刀切"，致使部分干部滋长瞎指挥、强迫命令、打骂群众等坏作风，干群关系十分紧张，给经济发展带来了很大的影响。但由于在工业上上马了如农机一厂、农机二厂、力车厂、制伞厂、鞋革厂等一批企业；在农业上实行深翻改土大力治理和改善水利设施等措施，是年的经济还是向前发展的。1958年实现工业总产值2100万元，比上年的1468万元增加632万元；农业实现粮食总产量73060吨，比上年的70820吨增加2240吨。

1958年8月，县委根据《中共中央关于在农村建立人民公社问题的决议》的精神，在高要地委工作组的帮助指导下，首先在老区镇组织成立第一个人民公社——大沙人民公社。接着，经过宣传发动和组织，全县又相继成立了柑丰（后改"清塘"）、地豆、幸福（后改"石狗"）、江谷等4个革命老区公社。

1959年1月，成立四会镇公社（后改称"会城镇公社"）。同年5月，根据省交通合作部《关于木帆船社向高级形式过渡若干问题的意见》的精神，又成立航运人民公社（1961年5月改称"水运人民公社"）。6月，由石狗公社划出成立黄田公社，但仅半年时间，又重新并入石狗公社。

人民公社建立之后，劳动力能够高度集中，对当时兴修水利和农田基本建设显示出人多力量大的优势。全县最大的、总库容量6860万立方米、可灌溉耕地面积5200公顷的江谷水库、迳口的水迳水库、大沙与大旺的堤围等大工程也是在此期间调集全县劳动力建成的。

1958年，江谷水库开始动工，四会的财力、物力还比较缺乏，省委及肇庆地委对该工程十分重视，从技术人员到建设水库所需要的物资都迅速调拨。因为水库大坝是由黏土砌成，没有挖土机、推土机和其他机械，只能靠劳动力肩挑手推挖泥运土去完成。县委、县政府把这项工程作为重中之重，从1958年底开始，动员社会各界从人力、物力、财力上投入建设江谷水库，掀起声势浩大的劳动高潮。每年调集各公社及县属机关的劳动力，参加江谷水库建设，形成了千军万马大会战的感人场面。为抢时间，很多工厂、商店关门停业，派出工人、职工到工地挑泥，中学生也利用星期天及假期或停课到水库参加会战。县农机厂派出技术人员到工地修理独轮车（俗称"鸡公车"），打制锄头铁锹，大批木匠做独轮车支架、车轮。有编织技术的社员在工地维修泥箕；江谷农械厂职工及镇上居民为独轮车做轴承模、滚珠加班加点。工地上，社员在大坝两端有序地排成长长的人龙挑泥，为抢工期，他们快步如飞。工地上10多个高音喇叭播放着各公社的挑土方进度，表扬在工地上涌现出来的好人好事。工地上横额醒目，红旗飘飘，场面非常壮观。

江谷水库竣工并投入使用后，其巨大的防洪、灌溉、发电等综合功能得到了充分的显示：防洪方面，能防千年一遇的特大暴雨，5066.6公顷良田和10多万人的生命财产得到安全保障。灌溉方面，确保了革命老区江谷、龙湾、下茆、地豆、清塘等镇5200公顷的农田梯田大旱之年有水灌溉。发电方面，电站年均发电量600万千瓦时，解决了当时全县老区人民缺电的难题，确保了县属一些主要工厂的用电，为全县的经济发展和人民生活照明贡献了相当大的力量。

1960年末，针对人民公社在管理体制和分配方式上存在的问题，县委根据中央的指示，采取措施纠正"五风"（即"共产风"、浮夸风、强迫命令风、生产瞎指挥风和干部特殊化风），重点抓"共产风"赔退工作，赔退原则是：原物还在的退回原物；原物已消耗的折算现金，由县地方财政统一拨款赔退到户。全县应赔退"共产风"折合人民币218.89万元，至次年底基本赔退完毕。

1961年3月，县委又按照中共中央颁布的《农村人民公社工作条例（修正草案）》（即"农业六十条"）的精神，重新划分缩小公社、大队和生产队的规模，把原有石狗、江谷、地豆3个公社划分为石狗、黄田、邓村、江谷、下茆、龙江、江林、地豆、威整、迳口、罗源等11个公社，保留会城、清塘、大沙、水运4个公社的规模不变。全县共划分为209个大队、2782个生产队。把原来以公社、大队为基本核算单位改为以生产队为基本核算单位。至1962年秋，全县贯彻执行中共中央《关于改变农村人民公社基本核算单位问题的指示》，正式确立"三级（公社、大队、生产队）所有，生产队为基础"的生产关系。社员劳动采取定额记分或评工记分的办法，坚持"按劳分配，多劳多得"的原则计算劳动报酬。口粮分配采取基本口粮加劳动工分带粮的办法。对"五保户"和"困难户"的生活补贴，则用公益金解决。与此同时，由集体安排占生产队耕地总面积的5%～7%作为社员自留地。另外还划给社员饲养耕牛、生猪所需的饲料地，允许和鼓励社员发展家庭副业。由于稳定按劳分配政策，正确处理好国家、集体、个人三者之间利益的关系，初步克服生产队之间和社员之间的平均主义，调动各生产队和社员的生产积极性，使农村经济得到较快的恢复和发展。

1963年，全县在农村开展"小四清"运动（即清理工分、清理账目、清理财务、清理仓库）。8月，县委贯彻《中共中央关于目前农村工作中若干问题的决定（草案）》（又称"前十条"）和《中央关于抓紧进行农村社会主义教育的批示》，成立社教办公室，派出工作队在黄田公社和清塘公社的下埇大队成立先行点，开展社会主义教育运动。

1964年11月，县委又开始贯彻《中共中央关于农村社会主义教育运动中一些具体政策的规定（草案）》（又称"后十条"），"四清"的内容改变为清政治、清经济、清思想、清组织。在"四清"运动中，由于扩大了打击面，一批干部遭受到不应有的打击，挫伤了干部的积极性，使正在好转的农村形势受到了一定程度的冲击。

二、"文化大革命"至改革开放前

1966年5月，县委接到5月16日中共中央政治局扩大会议通过的《中国共产党中央委员会通知》（又称"五一六通知"），立即传达到机关和学校的党员干部中，宣布开始进行"文化大革命"，并成立文化革命领导小组，设立办公室，处理"文化大革命"有关工作。

1967年1月，县武装部介入"文化大革命"。1968年3月，县文化革命委员会成立。1973年8月至1976年6月，四会县分三批进行党的基本路线教育工作。

在三年基本路线教育运动中，强调依靠集体力量，统筹改造山河，改变生产条件，夺取粮食高产丰收。县文化革命委员会要求各公社都要有项目，要求"想大的，干大的"。当时地豆公社改造了何礼河，并开山5000亩造林；大沙公社连续三年加固堤围，开挖大坑排洪渠；威整公社进行了围坑造田和平整梯田工程等，充分调集全社或全县劳动力去完成革命老区建设改造工程。

1976年10月，粉碎"四人帮"反革命集团，"文化大革命"宣告结束。

1976年12月，中共中央先后在山西省昔阳县和北京市两地召开第二次全国农业学大寨会议，并提出普及大寨县的要求。四会县为贯彻这一精神，分批组织县、社干部到大寨参观学习，要求像大寨人那样"想大的、干大的"。参观回来后，县社都召开农业学大寨会议，层层动员，级级规划，以公社为单位，高度集中领导、集中劳动力、集中时间大搞开山造地、平整土地和改造低产田运动。当时，全县统一规划在清塘公社的几个革命老区生产大队"旧四清"公路两旁开山造地种植柑橘、菠萝、青梅、茶叶等，搞"四条茶果林带"。同时，在老区江谷公社旺塘推平山头搞"人造小平原"，作为"想大的、干大的"的工程项目。1977年又铺开改造曲水河工程，县革委会组织各社队劳动力无偿支援，又从地方财政拨款362万元，打通一条长2200多米的引水隧道。

在农业学大寨期间，各级领导受"左"的思想影响，一些措施和做法，极大地挫伤农民的生产积极性，生产与商品流通同时受到抑制。但农民，特别是革命老区人民仍然艰苦奋斗，埋头苦干，战胜各种困难，使农村经济保持一定的发展速度。"文化大革命"与农业学大寨期间，全县农业总产值（按1980年不变价计）仍保持年平均增长12.6%的速度。

　　1978年县委成立落实政策领导小组，设立办公室，从有关单位抽调干部，对新中国成立后历次政治运动所办理的案件进行全面的复查甄别，本着实事求是、有错必纠的原则，坚决纠正冤假错案，为这些人平反昭雪，并作出妥善处理。

　　1978年12月，中共十一届三中全会召开，四会县各项工作的着重点转移到经济建设上来，坚决执行党中央关于改革开放的路线、方针和政策，努力发展工农业生产。

第六章

改革开放　砥砺前行

　　中共十一届三中全会以来，四会人民沐浴在党的改革开放政策的雨露阳光中，在上级党委、政府和当地党委、政府的正确领导下，不忘初心，牢记使命，努力拼搏，积极前行，在改革开放40年的峥嵘岁月中取得了丰硕的成果：经济建设成就斐然，精神文明建设大力推进，社会各项事业长足发展，老区建设日新月异，人民生活水平显著提高，人民对改革开放的信心和获得感、幸福感、安全感不断增强。可以说，改革开放的40年，是四会老区人民在社会主义的大道上逢山开路，遇水搭桥，披荆斩棘，不断前进的40年；是四会大地发生翻天覆地变化，各行各业蒸蒸日上、捷报频传的40年。今日的四会，政通人和、百业俱兴、人民安居乐业的局面正在这片被誉为柑橘之乡、玉器之乡的大地上呈现。

农业经济和柑橘产业

改革开放之前，四会素有"鱼米之乡"的美誉，以种植水稻和饲养四大家鱼、"三鸟"、生猪为主，但其产量和水平一直处于较低的水平。改革开放后，实行分田包干到户和家庭联产承包责任制，最大限度地解决"按劳分配、多劳多得"的问题，充分调动了农民的生产积极性，做到人尽其才，地尽其利，促进了农业商品经济的发展和人们生活水平的提高。到1993年农民年均纯收入比1978年增长7.6倍；到2000年，实行家庭承包面积25.39万亩，农户数6.9万户。2015年开始对农村土地进行确权登记颁证工作，到2018年，完成省定的6.93万户农户的19.004万亩承包土地确权登记颁证工作任务。上述举措，使农民的生产积极性得到大幅度的调动，为农业发展提供广阔的空间和良好的平台。此后，在多渠道投入、土地集中经营、大力发展"三高农业"和地方特色产业以及现代农业产业政策的引导下，农业得到空前蓬勃的发展，呈现出向现代农业发展的态势。到2016年，农业总产值已达78.65亿元，其中种植业产值26.02亿元，畜牧业产值31.12亿元，渔业产值16.89亿元，均比2000年有大幅度增长。2001年被国家林业局授予"中国柑橘之乡"称号，2007年至2011年连续被评为生猪调出大县。与此同时，农田水利建设同步推进，一大批现代标准农田建设项目，高标准基本农田建设项目相继建成，为改善农业生产条件，保障农业和农村经济持续稳定增长发挥了重要作用。

2017年，革命老区石狗镇被评为"广东省兰花专业镇"。有兰花企业62家，面积3800多亩，兰花年育苗3300万株，有墨兰、杂交兰、洋兰、蝴蝶兰四大系列230多个品种，年销售产值达3.8亿元，程村、迴龙、石桥、带下等村均有大片兰花种植基地，由肇庆万绿兴花卉种植有限公司、四会市卉林花卉种植有限公司、肇庆雅兰芳农业科技有限公司、四会市质信生物科技有限公司（兰花试管育苗）等农业龙头企业带动经营。

石狗镇的兰花特色产业基地始建于2004年，其时，台商陈明星在迴龙村率先种植。其后，珠海、顺德等珠三角地区的一些花卉商客也陆续进来种植。近年来，市政府因势利导，通过政府扶持、外商投资、农户参与等方式，多渠道筹集资金，加大引进力度，使一批品种高端、经济效益好、辐射带动能力强的兰花项目相继进入。同时，借助现有的高科技育苗公司，培育兰花种苗供应全国，并建设省内第一个反季节兰花培育种植基地。现已具备了较强的兰花新品种开发培育能力，产业优势初步形成。

为进一步推进现代特色农业发展，2018年9月，四会市政府又出台了《四会市扶持发展现代特色农业"政银"合作农业贷款业务实施方案》，通过市政府与市内银行合作，由市政府贴息，鼓励种植大户通过贷款重点发展兰花产业，为兰花产业种植户提供资金支持，助力兰花产业发展，同时，进一步发挥石狗镇兰花协会中介作用，加强与广州芳村、顺德陈村两大国内主要花卉集散市场的业务联系，大力争取省、市专项资金支持，促进了该镇兰花种植技术交流、经销信息整合、行业秩序规范等工作，推动了兰花产业结构向高效、高端、优质方向发展，才使兰花种植面积由最初的100多亩发展到2018年的3800多亩，年销售收入达到近4亿元的规模。

柑橘种植有着悠久的历史，是四会进入20世纪90年代以来最大宗的种植产业，也是广大农民的富民产业。改革开放后的20世纪80年代，在家庭联产承包责任制的有力推动下，家庭式柑橘小果园开始兴起，数量遍布全县各地。到1990年，柑橘橙基地分布全县8个镇和102个管理区，加上县办和集体办的果场，柑橘种植面积达4.98万亩，其中收获面积2.04万亩。20世纪90年代，为适应市场需要，调整柑橘品种布局，引导各地柑橘产区向优质化、基地化、规模化方向发展。到1999年，全四会17个镇街、145个行政村都不同程度种上柑橘。特别是老区镇如黄田、邓村、石狗、江林、威整，群众种植柑橘热情高涨，比传统的桂皮、石榴、竹子等经济价值更高，更见成效。而且，这些老区镇生产的柑橘质量比其他平原区的质量要好，销路更广，价格自然也高。进入21世纪，抓住国家授予"中国柑橘之乡"称号这一契机，在因势利导、进一步扩大和发展柑橘产业的同时，建立全国最大的仓丰柑橘批发市场，柑橘种植面积从2000年的6.8万亩发展到2005年的22.5万亩，总产值7亿元，占全市农业总产值的23%；2006年达到23万亩，收获面积17万亩。与此同时，与柑橘有关的殊荣相继获得：2002年"华贡牌"砂糖橘被国家经济林业协会评为"中国名优果品"；2003年，"华贡牌"砂糖橘荣获"广东省名牌产品"称号；2004年，"富来牌"砂糖橘通过国家绿色产品发展中心"绿色食品A级认证"；2006年，砂糖橘产品荣获国家果品流通协会"中华名果"称号；2008年，在广东省优质柑橘评选中，砂糖橘、贡柑分别获得金质奖和优质奖。

2007年以来，由于受到柑橘黄龙病暴发等不利因素影响，种植面积严重萎缩，产量大幅下降，柑橘产业受到毁灭性打击。面对这一严峻形势，2013年市政府安排资金100万元，连续3年，重新选址租地建立柑橘育苗场，培育柑橘无病苗供果农种植。到

2017年新种面积2000多亩，当年新挂果面积600多亩，呈现出柑橘种植再度兴起的势头。

第二节 **工业强市战略和百强县市创建**

改革开放之前，四会工业十分薄弱，数量少、规模小、所有制单一、科技含量低是当时的写照。改革开放初期，贯彻中央"调整、巩固、充实、提高"的方针，工业发展步伐加快，国营企业、县属集体企业、乡镇企业、个体私营企业和"三资"企业开始发展起来，形成"五个轮子"一齐转的局面。20世纪80年代末90年代初，在国营企业、县属集体企业和乡镇企业中实行厂长目标责任制和承包经营责任制，企业管理人员和职工的积极性得到一定程度的发挥和调动，企业面向市场的能力、适应市场的活力进一步增强。20世纪90年代中期，企业改革进一步深化，实行以产权制度改革为核心的所有制改革，一大批国有企业、集体企业（含乡镇企业）通过转制实现产权转换，政府从直接经营者变成社会管理者，使企业从此走上自主经营、自负盈亏、自我发展、自我约束的路子，企业的发展动力得到前所未有的释放。

20世纪90年代末，以创建全国百强县市为契机、为动力，大力实施工业立市、工业强市战略，通过一系列招商引资和招商选资、改善投资软硬环境和扶持企业发展等政策，大力发展外资企业和个体私营经济，大力打造珠江西岸先进装备制造业集聚基地，工业迎来了增实力、上台阶、大发展时期。2009年实现规模以上工业总产值190.48亿元，是2000年53.70亿元的3.55倍。2016年实现规模以上工业总产值743.16亿元，比2009年增长2.90倍。

以南江工业园、肇庆高新区四会产业园、江谷精细化工基地和龙甫循环经济金属产业基地为代表的工业园区已成为工业项目聚集发展的重要增长极。工业的发展带动了城市建设和综合经济的发展。以四会大道为中轴线，"一河两岸、三组团"的城市发展格局正在形成，中等城市的发展框架已初具规模，城区面积达25.66平方公里，全市户籍人口为42.69万人，常住人口为49.12万人，城镇人口比重达63.03%。2016年，在岗职工年平均工资5.67万元，城乡居民储蓄存款198.65亿元，分别比2011年增长16.3%和16.6%。综合经济方面，地区生产总值351.9亿元，比2011年增长18.0%。继成为"全国中小城市综合实力百强县市"之后，又成为"全国中小城市新型城镇化质量百强县市""全国中小城市创新创业百强县市"，连续12次入选"中国最具投资潜力中小城市百强县市"。

第三产业和玉器产业

改革开放以来，伴随着工农业生产的发展，四会市加大第三产业发展的力度，出台一系列改革开放和推动发展的政策，并在工作中积极谋划、科学部署、狠抓落实，使第三产业的比重不断增长，发展呈现出兴旺发达的景象，玉器产业从无到有、从小到大，呈现出星火燎原的势态。到2016年，第三产业的比重已占地区生产总值的40.5%，产值达142.26亿元的规模。

一、内贸业和服务业蓬勃发展

改革开放后到20世纪90年代中前期，国内商业虽然得到较大的发展，但经营规模、经营档次和经营方式都停留在较低的水平上。20世纪90年代中前期以后，加大改革开放力度，在对国有、集体商业实行承包经营和产权改革的同时，大力发展个体私营商业和各种服务业，市场繁荣兴旺，集市贸易成交活跃，商业网点不断增加，私营商业逐步扩大。到2001年，社会消费品零售总额21.55亿元，比1993年的6.59亿元增加14.96亿元。2001年以后，在继续完善和深化商业企业体制机制改革的同时，面对国内市场疲软、内需不足的形势，实施拓展市场、扩大内需策略，大力营造市场环境和引导个体私营商业成行成市发展。到2009年，实现社会消费品零售总额47.45亿元，比2001年的21.55亿元，增加了25.90亿元。此后，以"两城三基地"为依托，着力推进现代服务业发展，加快建设城区特色商业街、品牌店等商贸服务设施。同时，引进和发展"互联网+"产业。2016年，实现社会消费品零售总额122.30亿元，比2009年增加74.85亿元。四会市荣获2015年和2016年"广东电商十佳县""广东省大众电商创业最活跃十佳县"称号。

二、外贸出口日益扩大

20世纪80年代到90年代中期，受国际行情的影响较大，外贸出口呈现出时起时伏、总体向前的状态。此后的外贸出口工作，一是加大对口岸建设的投入，先后建成口岸车辆检查场和口岸码头装卸点，为外贸出口企业创造良好的通关环境；二是对外贸公司落实和完善承包经营责任制，进一步激发外贸经营公司的经营积极性；三是大力兴办出口商品基地和多方拓展贸易出口市场，为出口业务拓源开流。到2001年，外贸出口总值1.09亿美元，比1994年的9360万美元，增加1540万美元。2001年以后来，坚持"抓住机遇，深化改革，扩大开放，促进发展，保持稳定"的基本方针，努力转变外贸增长方式，促进外贸出口的持续增长。到2009年，外贸出口总值2.52亿美元，比2001年增加1.43亿美元。此后，为开拓出口货源，在推进"三基地"建设、大力招商引资的同时，实施"暖企行动"，鼓励和支持金融部门设立扶企专项资金，对外贸出口企业进行扶持。到2016年实现外贸出口总值45.16亿元（人民币），比2009年增长近17倍。

三、旅游业发展渐上档次

1996年以前，四会的旅游业起步较晚，只有2家以组织港澳游为主的旅游公司，开放的景区（景点）只有贞山旅游风景区，其余的景区（景点）都不对外开放，且分布零散，规模小，档次低，接待游人数量都不大。旅游接待酒店、宾馆也只有汇源宾馆、侨联大厦、四会大酒店等8家。1996年后，四会市政府成立市旅游局，对旅游业实行行政和行业管理，并在对全市旅游资源进行调查的基础上进行规划、布局和开发。同时，推出鼓励和扶持发展、吸引外资和社会资金发展旅游业的政策措施，加大宣传推介力度，旅游业的发展呈现出"百花齐放""八仙过海"的局面，一大批以奇石河旅游区、六祖寺、绿海生态园为代表的景区（景点），以贞山宾馆、岭南东方酒店、银星酒店为代表的接待基地相继建成，10家旅游公司相继组建，开辟的旅游线路涉及港澳台、国内外。到2016年，接待旅游人数371.57万人次，当年旅游收入达19.26亿元，其中旅游接待人数比1996年增加324万人次。

2017年，已建成并开放的旅游景区（景点）有：

1. 威整奇石河风景区

威整奇石河风景区位于四会市北部边缘，地处四会、清远、广宁交界处，隶属于革命老区威整镇，占地面积8平方公里，从四会市区驾车大概需要一个小时左右。十里奇石河从崇山峻岭中钻出，在茂密清脆的竹林下流淌，蜿蜒弯曲的河水清澈透明，延绵十里的溪谷堆满了奇石，山涧两岸奇峰叠翠、鸟语花香。

威整奇石河风景区是利用奇山、奇水、奇石等自然资源开发，集观光、休闲、娱乐、度假、美食、购物为一体的多功能旅游区。景区内风光旖旎，空气清新，山峦叠翠，潭澄水碧，石奇树异。宏伟壮观的银龙大瀑布，如悬挂半空的巨幅纱帐，奔涌而下，奇异壮观。横贯景区的十里奇石河，巨石千姿百态，惟妙惟肖，势成兵阵。刻在巨石上的名人诗词、书法，更增添了奇石河的文化内涵。这里的天然大氧吧、山泉活水泳池，可使人们一洗烦心；如诗如画的小桥流水，漫山遍野的鸟语花香，令游人忘却都市烦嚣；卧龙潭、灵龟守潭、唐朝仙人罗隐足迹、罗隐潭、罗隐床、罗隐船，更增添了神话色彩。

2. 四会六祖寺

六祖寺位于四会市贞山风景旅游区内，原寺始建于唐代，距今已有1300多年历史。于清嘉庆十四年（1809年）重修时，六祖寺的建筑面积为600多平方米，灰沙春墙杉木瓦结构。整体为中轴线平面布局，分别由大门、前殿、后殿及左右辅以的厢房、廊庑及小巷构成一体。寺庙四面环山，山势峻峭，景色宜人。与六祖惠能寺相邻的山间，还有"六祖惠能池""佛堂顶""仙人路""烂布衣"等与六祖惠能当年行迹有关的地名和山名。

1997年3月新六祖寺奠基重修，历时四载而成，寺院占地60000余平方米，建筑面积5000多平方米。建有六祖大道、牌坊、风雨亭、放生池、山门、天王殿、大雄宝殿、六祖殿、藏经阁、钟楼、鼓楼、功德堂、永思堂、观音堂、罗汉堂。各殿堂供奉诸佛菩萨金身。六祖金身塑像慈祥可亲可敬，端坐殿内。此外，还建有斋堂、配殿、客舍、方丈室、僧人宿舍以及广场、停车场等。全部建筑采用白墙绿瓦红柱的传统古典寺院设计风格，蔚为壮观。据说，这里是各地众多六祖寺院中规模最大、最为堂皇壮丽肃穆、唯一被命名为"六祖寺"的古刹寺院。目前，六祖寺驻有德高望重的方丈大师和僧众数十人。

3. 贞山风景区

贞山风景区坐落在贞山街道的贞山区内。20世纪80年代初，县政府在贞山开辟风景旅游区，在旧址上重建贞仙祠，新建太岁宫、天音塔、英华亭、乐也亭、象山亭以及文氏贞仙拜祭台，还有宾馆、酒楼、食肆、商店等服务设施。此外，还开辟了一个小公园，内有亭、池、塑像，并种花植树，翠绿如茵，竹荫柳影，如诗如画。园前建有牌坊以作山门。游人踏进贞山，顿觉心旷神怡：有的拜祭仙女，有的登高望远，有的攀悬崖、履曲径、爬高山、涉溪水，别有一番情趣。

唐朝年间，贞山原名广正山，因有"文氏贞女在此升仙"之说而改名贞山。贞山能闻名岭南，除了具有得天独厚的自然景观之外，还与文氏贞仙之传说有很大的关系。

据传说，贞山下姚沙乡的一个小村，有一对年过半百的文氏老夫妻，恩爱非常，唯独膝下无儿女，心中感觉有点美中不足。一天晚上，夫妻俩刚入梦乡便隐约看见一朵雪白的荷花飘然而至，顿觉满屋异香。不久，妻子怀孕，十月怀胎，生下女婴，夫妻甚是高兴。女孩满月时，邻村一个老朋友带着娇妻及三岁的樵哥前来庆贺，两家人还当众替子女订下婚约。转眼十余年，两家人见儿女已长大成人，便着手筹备婚事。不料，樵哥上山砍柴为虎所害，两家人悲痛欲绝。樵父更是一病不起，半载身亡。樵母也因哭干了眼泪盲了眼。文姑目睹樵家惨况，考虑再三，便披一身白衣，毅然过门樵家，服侍婆婆，并挑起生活重担。文姑之义举、品德，有口皆碑。但是，当地财主的几个纨绔子弟见文姑长成窈窕淑女，早已垂涎三尺，心怀不轨，曾有一次闯入屋里想调戏她，文姑手握剪刀，痛斥其非，几人只好怏怏而退。然而，他们并不死心，后来以催租逼债为由，欲要文姑就范。文姑只得到广正山躲避。时日一长，还是被那几个人发现并进山企图施暴。文姑见状急步登上潭边石崖，义正词严地呵斥他们："宁死不从，休想辱我！"然后纵身跳下深潭。突然，狂风骤起，电闪雷鸣，暴雨倾泻。那几个无耻之徒，被吹得跌跌撞撞，滚下山去。雨过虹现，文姑遗体安然地躺在潭上，如同熟睡一般；而那几个无耻之徒却焦头烂额，横尸山野。村人见状，既惋惜文姑之不幸，又庆幸歹徒不得好死。大家正欲下潭捞起文姑遗体的时候，骤闻仙乐齐鸣，众仙姑乘着彩云飘然而至，将文姑托起，然后飘然西去。不一会，天空飘下一张黄纸，书曰："贞山一片石头白，一片贞山白石头；人为多情头发白，贞山头白为谁愁？"后来，广正山便更名为贞山，文姑跳潭处名贞崖。

朝廷获悉此事，皇帝下旨册封文姑为"文氏贞仙"。四会县衙也于唐德宗贞元十七年（801年）在贞山谷口择地建祠，名曰"贞烈祠"，又名"仙女坛"。祠为道观式，供奉文姑金身塑像，由道士住持，一千多年来，香火不断。

四、玉器产业呈规模发展

20世纪80年代，四会的玉器产业发展尚处于萌芽状态，当时只有县属集体性质的二轻工艺厂有部分工人在从事小件型、低水平的玉器加工工作。到20世纪80年代末90年代初，随着改革开放政策的放宽，二轻工艺厂有部分工人辞去工作，带着玉器加工技术，在县城经营个体、私营性质的玉器加工兼销售的生意。后来，四会市的玉器经营门店，主要坐落在革命老区东城街道，数量逐渐增多，以致形成玉器一条街、多条街规模。此后，市政府因势利导，成立玉器管理办公室机构，引导玉器行业成立商会和协会，并给予政策扶持，多方投入建设玉器新街、国际玉器城、天光圩玉器市场、万兴隆玉器市场，为玉器行业的发展提供广阔的舞台，使其不断发展壮大。到2016年，全市拥有玉器商铺1万多家，从业人员近15万人，年加工玉器近1万吨，实现产值200亿元。玉器挂件和摆件占国内市场份额均超过70%，已成为四会的特色支柱产业。玉器城、玉器街是全国五大玉器加工、销售集散地之一。2003年，中国特产之乡组织委员会授予四会市"中国玉器之乡"称号。

第
四
节 **基础设施建设大力推进**

一、电网升级改造

1981年5月，随着改革开放的推进，四会县供电公司改为县供电局（各公社设立供电站），对用电规划、电力分析、调荷节损、用电监察、抄表收费等工作实行严格的规章制度管理与分配。自此，电力供应走上规范化管理和半计划半市场化供应的轨道，工农商业和人民生活的用电有了一定程度的保障。到1993年，先后建成3个110千伏清塘变电站、35千伏石狗变电站、35千伏榄岗变电站、35千伏东城变电站、35千伏江谷变电站。此外，县内的一些企业和开发区，为解决自身的用电困难，也自筹资金兴建了变电站。同时建有10千伏配电线路28条，总长765.7千米；售电总量17301万度，比1980年增加11862万度。

1993年以后，随着改革开放的逐渐深入，以及以工业、农业、商业为主体的各行各业的蓬勃发展，电力供应出现供不应求和低电压、配变重过载等问题。为解决这些问题，这段时期，四会先后截河蓄水建成了白沙和马房2个低水头发电站，多方筹资建成了1个火力发电厂。同时，大力推动一批输变电工程和配网工程相继建成，为缓解全社会用电需求、推进经济社会发展发挥了重要的作用。

进入2007年，四会以保障电网安全为目标，以推进城乡电网一体化建设、深化农村电网改造和老区供电服务升级为抓手，以推进电力专项规划、加大电网资金投入为途径，全力推进供电服务和质量提升进入快车道，为城乡融合发展、实现城乡一体化提供可靠的、超前的电力保障。从2007年至2018年，全市共投入20亿元进行电网建设，建成了35千伏及以上变电站18座。其中2007年建成10座，2010年建成3座，2009年、2012年、2013年、2017年、2018年各建成1座；新建和改造10千伏线路279千米，新建及改造公用配变758台，容量共计37.98万千伏安，低压线路5873千米。在上述电网建设中，500千伏玉城站的建成投产具有代表性意义。该站是广东电网的重要枢纽站，是连接肇庆市内电网电力输送的大通道，可直接供电四会、大旺高新区等负荷中心区。这些设施的建成，大大地提高了电网的供电能力和供电的可靠性，增加了网供的电力电量，改善了电能质量，可满足四会市未来5至8年的用电负荷发展需求，保证了电网安全稳定运行，彻底解决了肇庆东北片区电力受限的问题，为肇庆经济社会发展和人民生活正常用电发挥了重要作用。

二、公路交通建设

革命老区大多处在边远山区，不通路，造成了村民的出行难、就医难、读书难、结婚难和建房难，给老区人民带来极大的不便，制约了老区的经济发展。四会市委市政府多年来认真抓好革命老区的道路交通建设，督促、督查四会市的交通运输部门和四会市老区建设促进会，真抓实干，勇于担当，坚持不懈抓紧抓好革命老区的道路交通建设，取得了很好的成效。

自改革开放以来，四会市的大沙、东城街道、地豆、江谷、石狗、黄田、下茆、威整8个革命老区镇街，从1978年到2017年，共投资18841.88万元，建成"村村通"水泥硬底化道路482.2

千米，桥梁建设932.64延米/26座。地处小块平原地区的大沙镇，"村村通"水泥路硬底化道路共75.45千米，共投入资金2463.50万元；在革命斗争岁月中有着光荣革命传统的江谷镇和黄田镇，分别投入资金5059.50万元、679.60万元，建成"村村通"水泥路硬底化道路103.78千米、19.24千米。其他各老区镇街加大投入，积极建设"村村通"硬底化道路交通，也取得了巨大的成绩。2017年，全市8个老区镇街全部实现了"村村通"水泥硬底化公路，改造了老区、山区的交通环境，让革命老区人民切切实实感受到改革开放的巨大成就以及党和人民政府对老区人们的关爱和支持。

老区道路交通的建设，成为老区群众出行的"民生路"，成为老区人民发展产业的"脱贫路""致富路""幸福路"。

三、电信事业发展

1978年7月，肇庆报路（其时四会隶属该报路）始用载波机，1980年3月改用电传机报路，9月开通准电子自动拨号电话，开启了结束市内电话摇把子的历史。1987年扩容增设2000门交换机。1989年又更新纵横4000交换机，总容量为6000门，用户增至2312户。1989年3月开办国际长话自动拨号业务。1991年1月开通"181"台无线电寻呼业务。1992年4月引进程控电话交换机，电话接线、计时全部自动化。1993年1月开通无线移动电话（俗称"大哥大"）业务，同时开通全县15个镇（场）的自动电话网，初步实现通信现代化，县城每100人拥有电话11部。全县14个镇和大旺农场全部开通自动电话，用户增至2563户，当年去话量达83.59万张。1993年末，四会市所有村镇，全部开通程控交换电话。电信单位增至21个，其中农村单位6个，电话总容量增至1138门。

2017年，中国联通、中国移动四会分公司，结合四会市政府建设智慧城市需求，以综合平台的发展为目的，为实现宽带中国、光网城市发展战略，为四会的智慧城市发展构建无线、有线相结合的宽带网络，新建10万端口，覆盖大沙、南江口工业园、东城街道及东城街道工业园区、江谷、石狗、下茆、黄田、地豆、威整，对东城、大沙、南江口工业园、石狗、黄田、下茆OLT（光线路终端）的网络优化等系统工程升级，全部是4G业务。移动通信在四会用户量有58万户。以网络一体化为重点，通信保障保持网络运行水平领先，使四会人民能享受到全球化、智能化、个人化、多功能化的信息，引领老区人民走进精彩的中国电信、联通、移动信息生活，展现全新的老区通信新面貌。

四、水利水电建设

四会地处珠三角平原与粤西北山区的结合部、亚热带季风气候区，境内山区、丘陵、平原地带兼有，水源丰富，河流湖库众多，地理位置独特，地形地貌复杂。1949年前，由于当时社会制度和各种条件的限制，未能有效地控制和减轻洪水与水土流失给四会人民带来的灾难。新中国成立后直到改革开放前，党和政府领导人民抗灾救灾，以水利工程措施和非工程措施相结合，开展群众性的治水运动，使水利建设有了巨大变化，十涝九旱的生产条件得到改变，工农业生产发展的基础大为巩固。

改革开放以后，水利工作进入以工程管理为重点、以讲求经济效益为中心的新阶段。通过建立和健全规章制度，依法制定和实施管理细则和规程，加强防洪安全及水资源的利用和开发，使水利工作有法可依，有章可循，水利经济进一步搞活，水利队伍进一步稳定，水利建设步伐进一步加快。其间，水利综合经营总收入从1981年的124.30万元，增至1985年的225.65万元，完成了

3.70公里城区防洪石堤的加固加高工程。1990年以后，水利工作进入以改革为动力，以建设为中心，以管理为手段的新时期。在此期间，水利工作全面推进农田基础设施建设，全方位提高"三防"能力，下大力气整治江河堤围，强力治理水土流失，加强安全管理，发展水利经济，水利工作出现全新局面。1994年至1996年，3年共完成水利土方979万立方米、石方3.03万立方米、混凝土2.06万立方米。完成了龙江石堤工程基础和集防洪、观光、休闲、商贸于一体的江滨堤围工程建设。1994年，四会市水电局被省"三防"总指挥部评为"三防"工作先进集体；1996年和1997年，四会市先后被中国水利部评为"水利经济先进县（市）"，被省政府评为"1997年度水利先进县（市）"，市水利局被中国水利部授予"水利经济综合效益先进单位"称号；1999年四会市荣获由广东省水利厅颁发的先进县（市）二等奖，四会市水利局被评为"全国水利经济先进集体"；2000年四会市荣获全省冬修水利"以奖代拨"活动先进单位一等奖。这些成绩的取得，与四会老区人民的不懈努力，奋发向上的拼搏精神是分不开的。

进入"十一五"时期以后，在习近平新时代中国特色社会主义思想的指导下，结合本地水利工作的实际，认真调整治水管水思路，不断创新水利建设投融资方式，积极落实上级各项惠农政策和扶农政策，水利建设取得了伟大成就。

2018年，全市水利投入大幅度增加，累计投入资金达到34亿元。其间，战胜了"麦德姆""威马逊""艾云尼""彩虹"等台风带来的灾害。全市有堤围57条，堤长258公里，捍卫耕地面积19.55万亩、人口26万人；有拦洪沟22条，共长105.22公里，拦洪面积198.8平方公里；有水库山塘355宗，总库容1.253亿立方米，有效灌溉面积13.41万亩；有电动排灌站169宗，总装机309台1.924万千瓦；有引水工程354宗，引水流量21.63立方米/秒，引水灌溉面积5.23万亩；有水力发电站21座，总装机容量48台共5.7万千瓦，年平均发电量1.82亿千瓦时。建设有水土保持等其他一大批水利工程设施。

社会各项事业同步发展

随着经济建设的大步推进，社会各项事业在党的改革开放路线、方针、政策的指引下也同步发展，并成果丰硕，业绩喜人。

卫生和计生事业发展成效显著。2016年全市设立医疗卫生机构283间，其中医院6间；医疗机构拥有床位1255张，其中医院960张；医疗机构在岗职工3362人，其中卫生技术人员2592人。在众多医疗卫生机构中，四会市人民医院是综合性国家二级甲等医院，四会市中医院是省中医局二级医院，四会市妇幼保健院是集医疗、预防、保健、科研于一体的专业化医院。2003年荣获"广东省卫生城市"称号。

教育和科技事业发展与时俱进。20世纪80年代初，全县农村学校设备简陋，教室、运动场严重不足。农村一些建校工作只能靠农民每户每月缴纳15斤稻谷扶持，四会很多革命老区村的中学、小学，就是这样建起来的。2016年，市政府、各镇（街道）政府、各村委会不断加大对学校的建设投入，把对教育投入列入政绩考核内容，促进了教育的发展。全市共有学校（含中学、小学、幼儿教育）122所。普通高中招生2723人，在校生7969人；中等职业教育招生1112人，在校生2875人；初中招生5474人，在校生14940人；小学招生7577人，在校生41916人，小学学龄儿童入学率100%；幼儿园在园幼儿16129人。2月，四会市被广东省教育厅授予"广东省推进教育现代化先进县（市、区）"称号。科学技术事业方面，到2016年，共有27家企业被认定为国家高新技术企业，21家企业成为广东省高新技术企业培育库入库企业，拥有省级工程技术研究中心14家，被认定为广东省高新技术产品232个。

　　文化和体育事业有长足发展。2016年，四会市共有文化馆、博物馆、图书馆各1间，影剧院3间，电影放映队3个，文化站13个。其中，四会市博物馆近年连续几年被广东省文物局评为全省运行良好博物馆，曾获广东省博物馆开放服务"最佳进步奖"。四会市图书馆近年先后荣获"国家一级图书馆""全民阅读先进单位""广东最美粤读空间""广东省图书馆试点建设示范区域"称号。四会市文化馆2015年被中国文化部评为国家一级文化馆。由该馆属下的文化艺术中心组织的文化艺术节目在地级市以上各项比赛中获得60多项奖项，其中四会民歌《元龙调·明日带你回家》《龙谚歌》分别在国际广东小曲王争霸赛、广东省第六届群众音乐舞蹈花会中夺冠，《龙岭放歌凤山和》获得首届广东民歌民乐大赛银奖，舞蹈《公主帽》获得广东省第六届群众音乐舞蹈花会铜奖。广播电视人口覆盖率达100%，有线电视用户8.98万户。2016年体育事业共有63280人达到国家体育锻炼标准，建设规模体育场馆5座。2007—2017年共在各类比赛中获得世界级冠亚季军16人，获得亚洲冠亚季军30人，获得全国冠亚季军63人，获得省级前三名369人。

7

第七章

脱贫创文　老区新貌

重要历史事件专题概述

一、打响脱贫攻坚战

推进精准扶贫工作，打好脱贫攻坚战，是全面建设小康社会的重要任务。2015年以来，四会市根据中共中央办公厅、国务院办公厅2015年64号文《关于加大脱贫攻坚力度支持革命老区开发建设的指导意见》和粤办2016年29号文《关于加大脱贫攻坚力度支持革命老区开发建设的实施意见》，在上级党委、政府的指导下，在市委、市政府的统一部署和精心组织下，全市各镇（街）、各帮扶单位以及"1+N"扶贫政策实施单位积极实施，全力推进，精准扶贫工作取得阶段性的成效，贫困人口不断减少，生产生活条件明显改善，收入持续增加。

在这场攻坚战中，各扶贫单位密切配合，协调联动，采取扎实有效措施，强力推进扶贫工作向目标任务迈进：一是强化组织领导，压实干部责任。市党政一把手率先垂范，抓落实。各镇（街）、各帮扶单位负责人切实履行"第一责任人"职责，做到一级抓一级，层层抓落实，为精准扶贫工作提供有力的组织保障。二是强化帮扶措施，坚持因户施策。在把贫困户梳理为家有富余劳动力户、有发展生产意愿户和无劳动力户三大类的基础上，实施"因地制宜，分类实施，一户一法"，使扶贫工作更有针对性和成效性。三是强化宣传教育，营造浓厚氛围。利用各种宣传媒介广泛宣传扶贫工作中的好典型、好经验、好做法和报道扶贫攻坚动态，进一步形成政府主导、部门支持、社会参与和各界关心的良好扶贫氛围。四是强化督促指导，加强业务培训。通过定期汇总工作制度、及时通报对重点贫困户工作落实情况，进行及时督导和情况通报。同时，对资料录入、台账整理等业务知识进行学习培训，为精准扶贫工作的推进打下业务基础。

由于在"精准"二字上着力，扶贫工作取得了明显成效。2017年10月31日，全市多渠道投入扶贫资金共9619万元，对全市建档立卡的3560户6013人进行扶持。其中2016年低保户、五保户3430户5586人，已全部按政策落实社会保障措施，顺利实现预脱贫；未脱贫130户433人，有劳动能力贫困户138户513人，已全部落实就业服务、产业发展等具体帮扶措施，且增收稳定。2017年末实现了人均年收入超过省定贫困线6883元标准的目标。

大沙镇是四会市8个老区镇街之一，地处绥江、北江和西江下游的平原地带，历来经济发展条件较好。但精准扶贫工作开展前仍有相对贫困户224户393人尚未脱贫，其中市定标准2户8人，省定标准222户385人。2015年开始，该镇认真贯彻落实上级有关扶贫开发工作的会议精神，在四会市的统一部署、精心组织和扶贫单位的大力帮扶下，狠抓责任、政策、工作三落实，取得了很好的成绩。到2016年，224户393人脱贫对象已全部达到了脱贫标准，到2017年末均未发现返贫现象。尤其是在有安全住户、有安全饮用水、有电用、有电视信号覆盖、有网络信号覆盖、有子女义务教育保障、有医疗保障、有家族稳定收入或有最低生活保障的8个方面较为突出，完成或超额完成了达标任务。其中，有劳动力预脱贫家庭人均可支配收入不低于同期全省农村居民人均可支配收入的45%；完全或部分丧失劳动能力且无法依靠产业就业帮扶脱贫人口全都纳入了低保范围。

大坪村是石狗镇有革命老区的行政村。该村山多地少，集体经济薄弱，基础设施十分落后。辖区内共9.7平方公里，户籍人口总数为1696人，下设10个自然村，共16个村民小组。2015年共有贫困户24户40人。在2015年至2017年的几年里，大坪村根据"两不愁三保障"和"八有"标准，在四会市老促会和有关单位的帮助下，因地制宜，采用因户因人施策，较好地完成了年度脱贫攻坚任务。至2017年，尚有23户38人建档立卡的扶贫户，已全部按上级要求，达到脱贫标准。

二、创建全国文明城市

2015年10月以来，在省文明办和肇庆市委市政府、肇庆市文明办的亲切关怀和悉心指导下，四会市在加强经济建设的同时，认真贯彻落实党的十八大全会精神，深入学习贯彻习近平总书记系列重要讲话，强力推进文明城市创建工作。在第五届全国文明城市评选中，以优异成绩在160个提名城市（区、县）中脱颖而出，荣获"全国文明城市"称号。

多年来，市委、市政府广泛听取群众意见，在积极补齐精神文明硬件建设短板，加快文化馆等宣传文化重点项目建设的同时，全面提升城市文明程度和市民文明素养，群众对创文的满意度不断攀升，参与创文的积极性不断提高，真切感受到了创文带来的实在变化，创建工作进展顺利。

2015年以来，为确保四会市各项创文重点工作任务落实到位，市委、市政府多次召开创文专题会议研究部署创文重点工作，市创文办对创文各项重点工作进行梳理，形成了《四会市创建全国县级文明城市重点工作责任分工汇总表》，印发至有关市领导及责任单位，交通秩序、环境卫生、户外广告、牛皮癣整治、管网线整治、农贸市场整治、背街小巷整治、城区内涝整治、城市高速出入口形象提升等29项创文重点工作都由责任市领导亲自部署，有关责任单位迅速落实整改，成效明显。在各级领导的重视下，资金保障到位，创文资金投入加大。在保障各责任单位创文工作经费的前提下，安排创文专项整治资金3.622亿元，保障了专项创文项目的有效推进。全面动工建设背街小巷整治提升工程，完成城区路面维修、管道整治、绿化美化等民生工程150多项，一批城中村、老旧社区、背街小巷发生了脱胎换骨的变化，基础设施进一步完善，环境脏乱差状况明显好转，街容巷貌更为美观整洁，背街小巷整治提升工程初显成效。同时，加快推进城市东西两个高速出入口道路整治提升工程、各老区镇文明圩镇建设、美丽乡村建设等工作，不断改善城乡面貌。

在创文工作中，四会市各老区镇（街道）积极开展首届四会市道德模范及"美丽四会·最美人物"评选活动，坚持每季度开展评选25名"身边好人"活动，结合"玉德文化"、"禅宗六祖文化"、客家山歌、非遗文化、四会文俗等，打造一批富有四会特色的公益广告。"玉之五德特色公益广告""中国传统文化"墙绘、"邻里和睦"主题墙绘、"市民文明守则"漫画墙绘、"四会特色"墙绘和"中国梦"墙绘等遍布城区大街小巷、公园广场、广告箱体以及建筑围挡。在引导崇德尚善、讲文明树新风方面起到了积极作用。通过举办各类创文活动，积极营造全民支持创文、全民参与创文的良好氛围。大力开展"道德讲堂"进机关、进社区、进企业、进学校、进农村的"五进"活动。

四会市委、市政府继续把创文工作纳入绩效考核评价体系，纳入各级领导班子和领导干部的年度考核。注重过程管理，每次督查、每项工作成效按比例计入年终考核成绩，建立以日常监管、季度督查、年终考核为主要方式的考核机制。探索设立"文明创建奖"，市财政每年安排适当资金，用于奖励创建工作年度考核优秀单位和部门，激发基层的创建活力。下一步，四会市将正视问题和短板，认真对照全国文明城市测评体系，建立健全常态化体制机制，真正做到持之以恒、久久为功，让人民群众真切地感受到实实在在的改善和变化，真正做到为民创文、惠民创文，使广大市民获得更多获得感、幸福感。

三、建设美丽乡村

2015年，四会率先启动全域推进社会主义新农村建设，各镇（街道）积极行动，探索创建新农村建设示范点工作，投入到建设美丽乡村的工作中来。2017年底，省有关部门正式将四会市列为省农村人居环境整治示范县。在省、肇庆市有关部门的指导下，各镇（街道）紧紧抓住"全域推进"的核心要求，坚持不等不靠、先行先试、主动作为，扎实推进美丽乡村创建工作，取得阶段性的成果，得到省、肇庆市领导的高度肯定。老区镇江谷镇杨村、官陂村和地豆镇大板岗村、水车村成为2017年9月在肇庆市举行的全省乡村振兴工作粤西片区推进会实地考察点。新华社广东分社、南方日报、广州日报、凤凰卫视等媒体相继报道四会市的做法和经验。

肇庆市委、市政府对创建工作高度重视，由市领导直接挂点联系石狗、下茆、江谷、黄田、地豆、威整、大沙、东城等地区镇（街道），全力支持推进各项创建工作。广东省老区建设促进会、肇庆市老区建设促进会领导深入各美丽乡村创建点调研视察，提出宝贵意见。广东省规划设计院等五家专业设计团队按照"一江两轴连线成片"（即绥江和省道260线、118线）的规划思路，严格遵循简便实用的原则，由镇、村"两委"、村民理事会、村民代表和设计单位共同商议，从文化传承、产业发展、生态环境等多个方面对全市新农村建设进行精准的全域规划设计。

全市各级部门强化新农村建设工作的宣传，让村民进一步了解新农村建设的重大意义、美好前景、目标任务和重点工作，激发和调动了群众自觉参与的积极性。全市13个镇（街道）农民筹资投劳合计1.25亿元。同时充分发挥四会侨乡优势，通过外出乡贤捐资带动等办法推进新农村建设，其中，革命老区地豆镇、江谷镇、威整镇水车村、威整镇瓦屋村、江谷镇田心村等地的一些热心乡贤积极响应号召，为家乡建设出谋划策、出资出力。率先投资水车村、杨村、瓦屋村的美丽乡村建设，实行统一规划、统一报建、统一风格、集约用地、五线落地举措。此举既增强了农民的自豪感、获得感和幸福感，又腾出更多的土地用于经济发展，取得了一定成果。

四会市在美丽乡村建设中，以打造示范镇街、特色美丽乡村和连片示范片区为引领，带动全域新农村建设。确立了老区镇东城、江谷、地豆、威整为首批6个示范镇街，并基本完成建设任务。建成了大沙岗尾卫东村、龙甫镇龙头大寨村、石狗镇程村福田村等一批特色美丽乡村。江谷镇老泗塘和江和片区、地豆镇水车片区建设速度很快，取得了阶段性的成果，效果立竿见影，每天都吸引大批的游人旅客到访，成为四会市一个新颖观光景点。各镇（街道）特色精品村、美丽宜居村、干净整洁村分别以自然村数目的7%、23%、70%的比例推进建设。在此基础上，分年度由外到内将境内主干道公路沿线100米以内村庄全部纳入特色精品村、美丽宜居村进行规划建设，连线成片打造。实施公路"三化"工程，提升公路沿线景观，为创建以生态、文化、旅游产业为特色的服务，始终把产业发展作为革命老区新农村建设的重要支撑。制定并出台农业招商引资意向性优惠意见，鼓励市内和国内外企业、其他经济组织和个人在四会市进行农业项目投资。依托四会自然生态和历史人文资源，主动与省农科院对接，以专家力量，谋划打造以农业体验、果蔬采摘、休闲观光等为主题的精品乡村旅游线路，带动乡村产业振兴。其中，革命老区江谷圩镇、杨村古村落、革命老区遗址青云纪念馆一带被评为广东省乡村旅游精品线路。

同时，全力打造贞山街道扶利村、石狗镇程村、龙甫镇龙头村、地豆镇水车村、城中街道白沙村等五个省级文明乡风建设示范点，深挖各村历史文化底蕴，突出各村革命斗争年代鲜明的革命特色，打造具有历史记忆、地域特色的乡风文明示范村，并以点带面，在全市农村深化社会主义核心价值观教育，广泛开展文明村创建、道德模范、身边好人、文明家庭（星级文明户）、新乡贤、"最美人物"等活动，提升村民思想道德水平，营造乡风文明浓厚氛围。

第
二
节

革命老区镇街建设概况

改革开放以来，各级政府和有关部门对老区建设十分重视，从人力、物力、政策等方面给予支持，2014至2017年，投入扶持资金达6813万元，扶助老区发展生产，改善交通、通讯、教育、卫生、文化等基础设施建设。共帮助老区兴建小水电站16座，水利设施108宗，修筑公路里程201公里，修建校舍60间、卫生站54个，安装自来水村庄173条，兴办鱼塘养殖场153公顷，种植柑橘1301公顷、桂枝1506公顷、竹子1005公顷，使老区的经济和各项事业有了很大的发展、贫困落后的面貌有了很大的改观。1995年，老区工农业生产总值1.6亿元，人均年收入2703元。

1990年，为加快老区的发展步伐，四会成立"四会市老区建设促进会"，重点对老区的基础设施建设加强管理：一是解决老区人民出行难问题；二是解决老区人民饮水难问题；三是解决老区人民用电难问题；四是解决老区人民生活难问题；五是解决老区人民住房难问题，并与文明村及美丽乡村建设协调促进。在卫生村建设上，从2007年至2017年共投入资金1.32亿元，进行有化粪池猪舍、密封垃圾屋、下水道、地面硬底化等建设，圆满完成卫生村创建任务。在交通设施上，从1978年至2017年，建设硬底化公路482.2公里，总投资1.88亿元；建设桥梁932.64延米/26座，总投资3108.25万元。在供电设施上，从2007年至2017年，电网改造总投资2.38亿元，一大批输变电工程和配网工程得到改造更新。在通讯设施上，基本建成区域信息基础设施网络，实现移动通讯信号全履盖。此外，一大批水利设施也相继建成。

基础设施的广泛投资和大批建成，有力地推动了老区人民生产和生活条件的改善，使老区的各项建设事业得以扎实、有效和大步推进，村容村貌有了崭新的面貌，生活水平有了突破性的提高。2017年，四会市革命老区的工农业总产值310.3亿元，农业总产值53.13亿元，分别是1995年的300倍和8倍；实现税收4.7亿元，比2006年增长5.6倍。

革命老区镇街建设现状

四会市13个镇街中，黄田镇、地豆镇、石狗镇、江谷镇、下茅镇、威整镇、大沙镇、东城街道8个镇街被省里认定的革命老区镇街。这些镇街有的地处边远山区地带，有的地处半山区半丘陵地带，有的地处平原地带。在当地党和政府的重视和关怀下，经济在因地制宜、各具特色的基础上都有了长足的发展，社会面貌焕然一新，人民生活水平正向小康迈进。

一、黄田镇

相传古时管辖此地的首领姓黄，当地的田称为"黄田"，地名由此而得。全镇人口16289人，下辖1个居委，6个村委会，129个村民小组，是四会市柑橘起源地，是"广东省卫生镇"、"广东省教育强镇"、"肇庆市宜居镇"、"广州富力足球俱乐部合作试点镇"、肇庆市"基层党建提升年"示范镇和肇庆市"党建+综治"双抓双促示范镇。

全镇耕地面积1.76万亩，林地面积9.86万亩，森林覆盖率达85%。山清水秀、风景优美、空气清新，具有连片的原生态森林，无任何工业污染，是广东生态保护区、四会市饮用水源保护区和四会绥江鼋自然保护区，具有良好的生态环境优势。据统计，目前黄田镇80岁以上老人有455人，占总人口2.79%。2016年住院异地报销人数为270人次，占全市3.24%，占比为全市最低，是长寿健康乡镇，也是发展特色农业产业、影视拍摄、休闲养生的一方宝地。

黄田镇地处绥江一河两岸，历史底蕴深厚，在近代，彭湃、周其鉴、陈伯忠等农民运动杰出领导人以及梁嘉、陈瑞琼、叶向荣、欧新、陈德等游击队领导均在黄田镇进行过革命斗争。1924年，第一次国内革命战争时期，黄田江头乡共产党员陈伯忠，以国民党中央农民部特派员的身份指导四会的工农运动，建立了四会县的第一个中国共产党支部，在黄田掀起轰轰烈烈的工农运动高潮。黄田从此建立起四会第一个农村政权——农民协会。抗日战争时期，1945年，面对国民党反动派西江地区"清剿团"的疯狂进攻，黄田军民积极投身由珠江纵队西挺大队领导的抗日战争，参加了三天三夜的百寮顶鏖战，击毙敌连长以下10人，击伤多人，缴获大批武器弹药。解放战争初期，五指山游击队就在黄田设立红军税站，既维护社会治安，又为游击队解决部分给养。在绥贺支队指导下，配合中国人民解放军南下大军，解放四会全境。民主革命时期，黄田为革命斗争事业牺牲的烈士有20多人。1957年，黄田镇榄垌等54个自然村被广东省民政厅认定为革命老区村。全镇共有17处不可移动文物，至今还保存着历史悠久的古村落，还有广式三间两进砖瓦锅耳屋、古式传统宗族祠堂、书室、炮楼等，民间仍传承着编织、造纸、耕作、木工、捕鱼等传统手工活和裹蒸粽、炸油角、咸水粽、肉粽、实心煎堆等传统食品以及醒狮贺岁，清明祭祖，端午祭龙舟、赛龙舟等民间传统活动。主要代表村庄是广东省名村、省卫生村、红色革命村庄——黄田镇江头上寨村。同时，在党组织的支持下，黄田镇上岗、下岗、村心等5个村于1964年均创办了文化夜校，通过学文化、讲革命故事和唱革命歌曲等形式加强青年思想文化教育，目前上岗村仍保留夜校遗址。此外，五指山附近村庄广为流传着六祖慧能为逃避争夺继位权的对立派追杀在黄田隐修，在离别时向民众挥手致谢，五个手指就变成了五指山的民间传说。

黄田镇东西有二广高速，距贵广高铁广宁站仅20分钟路程，离肇庆东站仅40分钟，省道S263线贯穿黄田镇全境。

黄田镇是红色革命老区，是广宁四会地区农民武装运动的主要阵地，是粤桂湘边纵游击队活动的重要阵地，江头乡农会旧址是省级文物保护单位、肇庆市爱国主义教育基地和四会市红色革命教育基地，拥有浓厚的红色革命文化基因。1993年黄田镇（原广宁县）被评定为革命老区镇。目前，黄田镇正以江头乡为核心，以江头农会旧址、五指山游击队遗址、陈伯忠故居、陈伯忠故居炮楼（农军训练场地）等红色革命遗址为依托，发掘黄田党史，加强对革命英雄故事的搜集、传播，发挥红色文化的引领教育和服务推动作用；以初心堂为中心，打造党员教育新时代讲习所，以红色文化为主导，大力培育和践行社会主义核心价值观，加强中华优秀传统文化教育。通过打造四会市红色革命教育基地，大力传承和弘扬红色革命精神，用红色资源激发革命老区发展新动力。

2018年黄田镇经济总体运行情况良好，完成了市下达的各项经济指标，实现国地两税入库722.2万元，完成全年任务的109.75%；农业总产值39402万元，完成全年任务的103.99%；规模以上工业总产值全年完成28900万元，超额完成奋斗目标27500万元任务；社会固定资产投资全年完成24609万元，超额完成奋斗目标22900万元任务。

黄田镇柑橘种植历史悠久，是四会砂糖橘原产地，传统产业优势明显，柑橘情怀深厚。将柑橘"产业兴旺"作为乡村振兴主要产业支撑、主要实践举措，以四会市砂糖橘产业园建设为依托，再度恢复和发展柑橘产业，仍是今后经济发展的主导方向。

二、石狗镇

石狗镇总面积140.27平方公里，耕地约1.85万亩，山地约16.13万亩，是四会市面积最大的一个镇，山清水秀，风景秀丽，素有"四会后花园"之美誉。全镇总人口2.6万人，下辖10个村委会和1个社区居委会，共166个自然村238个村小组。

1993年石狗镇被评定为革命老区镇。

在民主革命时期，石狗镇人民为革命斗争胜利做出过重要的贡献。1924年，石狗镇金坑村，最早建立农会。依靠革命老区群众基础好，配合珠江纵队西挺大队在金坑一带发动群众，展开"反征兵、反征粮、反征税"斗争活动，开辟粤桂湘边根据地。1944年6月30日，晚上行军的珠江纵队西挺大队一部，在金坑途中了敌人的伏击，部队被打散，战士黎荣等4人在战斗中迷路，在金坑附近的山头转战了10多天，后来得到金坑群众的帮助，解决了粮食、防寒、通讯等困难，并在群众向导的带领下去到解放军驻地带洞，开始迎接新的战斗。同时，金坑群众积极为受伤战士安排宿营地暂住疗伤，使他们伤愈后能及时赶回部队。1957年，石狗镇下洞等67个自然村被广东省民政厅认定为革命老区村。

作为全市面积最大的山区镇、肇庆市兰花专业镇，2019年该镇坚持"农业立镇、旅游强镇、电商兴镇"的发展定位，大力实施乡村振兴战略，积极利用石狗山清水秀、环境优美这篇文章，立足本土特色优势，做大做强做优兰花产业，被评为广东省技术创新（兰花）专业镇。

2018年各项经济指标顺利完成。税收收入686.5万元，完成目标任务的104.81%；工业总产值4700万元，完成142.42%；零售额713万元，完成100%；固定资产投资38713万元，完成109.05%；

增资扩产500万元，完成100%；实际吸收外资20万元，完成100%；外贸出口500万美元，完成100%；成功引进招商引资项目1个——肇庆保祚隆精细化工有限公司落户江谷精细化工基地，项目总投资额约2亿元，投产后可望实现年税收2000万元。各村党支部坚持发展"一村一品"，特色农业发展迅速。程村大力发展兰花产业，新增兰花种植基地5个，新发展兰花种植基地250亩，村组集体经济增收25万元；石狗村引进肇庆雅兰芳农业科技有限公司，打造产业扶贫示范基地、党员创业示范基地；廻龙村引进200多亩的新绿地百香果合作社和30多亩无花果种植基地；都崀村村民开始集约土地养殖竹狸，由村委会提供种苗和技术，截至目前已建有6个养殖场地，年出栏900只，年均增收27万元。

石狗镇一直坚持不懈，抓好革命建设工作，在强调抓好各项经济工作的同时，抓好民兵建设，进一步规范装备器械室建设，整组民兵应急分队和铁路护路分队，每年都向部队输送多名优秀青年，超额完成兵员征集任务；在历次强台风"艾云尼""山竹"防洪抢险工作中，民兵队伍迅速集结投入抢险救灾工作，成为石狗镇保障人民群众生命财产安全的重要力量。石狗镇武装部多次被肇庆军分区评为先进基层武装单位。

同时，认真抓紧抓好粮食生产，目前全镇10个村委会9083.76亩的粮食生产功能区划定已公示完毕，按时按要求完成划定工作任务。

三、江谷镇

江谷镇全镇总面积134.69平方公里，辖13个行政村和2个社区，共有300个自然村，户籍人口4.3万人，是省定重点建设中心镇，也是四会市最大农村集镇之一。2017年，农业总产值42002.32万元，同比增长5%。过去几年，江谷先后获取了广东省卫生镇、广东省教育强镇、四会市政绩突出奖、四会市政绩优秀奖等荣誉。

江谷的十二带、联安、江林等乡村，在民主革命时期，这里的人民群众踊跃参加革命，有着众多的堡垒户和交通员，这里也是绥贺支队西江支队的重要根据地之一。

1938年，刚从抗日前线退下来、以宣传工作人员为主体的四会"江谷抗日青年先锋队"，首先在江谷成立，在中国共产党领导下，积极开展抗日救亡宣传活动。1946年，粤桂湘边纵队领导下的"建国中队"，在队长江金、指导员陈锋带领下，一直在江谷的十二带、联安，江林的塘面山、阿婆髻、猪仔桀等地开展革命斗争。1948年，四会的国民党反动武装和本地的民团自卫队"牛骨"近百人，偷袭十二带、联安和江林部分地区，疯狂杀害革命群众，烧毁房屋，给群众做成巨大的伤害。老区人民并没有屈服，游击队以更大的热情投入革命斗争。江谷的革命地方武装组织突袭了敌江谷炮楼，袭击自卫队盘踞的"蛇窿粮仓"，配合粤桂湘边纵队、绥贺支队、四会独立大队，在广宁、四会周边地区投入多次战斗，直到江谷解放。

1957年，江谷镇十二带等73个自然村被广东省民政厅认定为革命老区。

江谷镇自然资源丰富，林地总面积13.2万亩，其中生态林面积4.8万亩，全镇绿化率高，辖区内十二带自然保护区森林覆盖率达92.2%。龙江河干流贯穿全境，清源河、江和河、庵君塘等河涌、湿地星罗棋布，大小水库共6个，其中江谷水库是四会市最大的中型水库，总集雨面积136.5平方公里，总库容7031万立方米。瓮缸坑水库、鸡啼岭水库是重要水源保护区，全镇水资源丰富，水系面积占比高，具有岭南山水特色。江谷镇有条件、有资源助力四会打造成为粤港澳大湾区山清水秀的"后花园"。

2017年度全镇工业经济平稳增长，较好地完成各项经济指标任务，其中完成规上工业产值69569万元，同比增长达到120%。净增规模以上工业企业3家，全镇（含园区）规模以上工业企业达到8家，其中产值超亿元工业企业4家。招商引资成效明显，引进德运昌新材料、华力新建材等亿元以上项目2个，引进总投资达2.2亿元。国税、地税、规模以上工业产值、固定资产投资等各项经济指标全面提速。

重点项目建设快速推进，汕湛高速（江谷段）、县道X441线改建工程正在建设中。随着汕湛高速建成通车，江谷出口开通，交通便利优势蓄势待发。老泗塘乡村旅游项目已进入开园前准备阶段，2017年11月，中央数字电视书画频道广东省四会写生创作基地落户老泗塘清心雅园。四会市第二人民医院设备楼、保障楼首层楼板完成混凝土浇筑，预计2019年12月建成投入使用。

江谷镇耕地区域广、面积大，高达3.8万亩，其中水田1.44万亩，为发展现代农业产业结构提供有利条件。目前基本形成了"一村一品"的现代农业发展新格局，特色产业、特色水产、特色水果以及农业生态游等已具一定规模。特色产业包括有兰花种植、江林茶叶、油茶等；特色水产以澳洲淡水龙虾、日本锦鲤养殖为主；特色水果包括百香果、葡萄、火龙果、青枣等。其中，占地120亩的逸丰葡萄种植基地"逸丰农产"品牌已成功申请国家注册商标和知识产权保护，以现代观光体验农业的方式发展种植高品质的葡萄为主；占地50亩的江林玉红茶场正计划继续扩展到千亩，以开展茶叶采摘、茶艺文化展览、茶文化活动策划等经营活动为主；占地130亩的阿彩桑园及50亩的八方土假日自助家庭农场等多个农场，以桑葚果品采摘、特色餐饮等为核心，集种植、生产销售、生态旅游一体，建成了具有浓郁乡村特色的田园休闲区。同时，大窝岗金花茶、巴山红香椿试验基地正进行试种，并引进佰思云商城作为销售平台，江谷特色农业发展向深度发展。

新型城镇化综合试点工作全面铺开。2017年以来，江谷共投入1000多万元用于创文软硬件设施建设，着力改善与人民群众息息相关的道路建设、菜市场改造等市政工程，辖区内路灯、用电、用水、排水、绿化等各项基础设施日臻完善。积极推行创文常态化、精细化管理，安排全体镇干部和社区居委会干部按区包片分工，通过完善以街长负总责、副街长协助、镇和社区干部为责任主体的方式，在片区宣传发动、环境卫生整治、"六乱"现象清理、公共设施维护、城市管理提升等方面成效卓著。

2017年，江谷镇"三清三拆"为全市推进新农村建设提供了宝贵经验。重点打造老泗塘、大窝岗、田心村、龙珠寨、钟村和肖刘村等6条自然村，取得了打造一块、提升一片的示范效应。同时，为市政府提供了3个新农村建设工作的示范村，包括江和村委会卓善村、田心村委会田心村、清平村委会大窝岗村，总投入资金3000多万元。

全镇公办初级中学1所，完全小学1所，分教点2个，幼儿园1所。在全面推进现代化教育的进程中，各学校以一流的教育质量树立了自身的品牌形象，学校教学质量抽查在全市同类学校名列前茅，赢得了社会的赞誉。近年来，青云小学先后被评为"肇庆市依法治校示范校""广东省安全文明校园""广东省依法治校示范校"，江谷中学、青云小学均被评为肇庆市文明学校。2017年，青云小学教育质量得到进一步提升，全校荣获各项市级集体荣誉八项，学校周舟等8名教师分别获得"肇庆市优秀教育工作者""四会市身边好人"等荣誉称号，学生参加四会市级以上各类竞赛有121人次获奖。深入践行社会主义核心价值观，投入30万元建设7个基层综合性文化服务中心，成功创建2个省级基层综合性文化服务中心示范点（镇郊村、田心村）。2017年开展13场文体活动，共3500人次参与活动；共放映143场农村公益电影，共有观众7200人次参与。

1993年，江谷镇被评定为革命老区镇。同年江林镇也评定为革命老区镇。2003年11月，经广东省人民政府批准，撤江林镇并入江谷镇。原来的江林革命老区镇名称不复存在。

四、下茆镇

下茆镇全镇总面积106.98平方公里，下辖13个行政村2个社区，246个村小组，户籍人口约3.4万人。下茆镇属于半丘陵半平原镇，耕地面积4.33万亩，林地面积2.1万亩，水资源丰富，农业产业齐全，是历史悠久的鱼米之乡。

下茆镇人杰地灵、山川毓秀，著名慈善家香港同胞苏东霖、宋伟文原籍分别为下茆镇马陵村和上茆村。作为四会市的红色革命老区之一，在革命斗争的峥嵘岁月中，下黄岗、上黄岗都有着光荣的革命斗争历史。目前尚保存着比较完整的炮楼5座，当年陈瑞忠带领的游击队长期以此为根据地开展革命斗争活动。下茆镇的上黄岗村打铁坪、下黄岗的坑尾等地，是民主革命时期四会重要的革命根据地之一。1948年，四会的国民党反动武装和本地的民团自卫队"牛骨"近百人，偷袭江谷十二带、联安和江林的革命根据地，疯狂杀害革命群众，烧毁房屋，为保存革命力量，绥江支队游击战士大部分转移到上、下黄岗的山区，依靠当地武装和群众，坚持革命斗争。

1948年6月，国民党反动派四会保警大队和江谷自卫队300多人，进攻下茆镇上下黄岗。接报后，绥贺支队第一团指示四会江金武工组，在上下黄岗的白梨口设伏。经过拼命的搏杀，也很难对付人数众多的敌人。危急之际，曾庆生率领广宁行政教导处

143

警卫队及时赶来，对敌人前后夹击，使敌人溃不成军。这次战斗，毙伤敌25人，俘敌5人，缴获长短枪29支。武工组队员无一伤亡。

下茆镇水产和粮食种植历史悠久，传统产业优势明显。2018年该镇农作物播种面积32538亩，粮食播种面积14721亩，全镇水产面积15760.5亩，产量20728吨，农民人均纯收入20376.4元，农业总产值118724.6万元。

重点项目建设进度加快。田园综合体橘子小镇项目计划总投资2.5亿元，首期投资8000万元，用地1000亩，目前已完成园区道路扩建等相关前期基础工程，包括初步投资计划、资金分配、区域安排、整体规划报告，以及部分房屋建设、农作物种植等项目；四会市绿顺农业发展有限公司温室大棚蔬菜种植配送项目，计划总投资1.85亿元，首期投资3000万元，用地面积500亩，结合农业种植和旅游观光产业，园区内温室大棚种植技术已初步完善并投入使用，至今累计客流量近15万人次；建立环保、绿色、生态、智慧型草菇现代化生产基地计划总投资2000万元，用地10亩，目前已完成5个厂房建设。

全镇共有增资扩产项目3个，计划总投资5000万元，四会市双盈高新材料有限公司生产设备升级项目、四会市大象高新材料有限公司新增生产车间项目和四会市龙洋陶瓷原料有限公司生产线升级项目顺利完成年度目标任务，即将进入试产阶段。

社会主义新农村建设全域推进。下茆镇纳入农村人居环境综合整治的自然村共有176条。完成清拆161间9412.26平方米。龙湾西鸦村等8条沿线村庄精品村、美丽宜居村建设已完成测量、前期方案和工程设计、造价工作，顺利转入主体工程实施阶段。

精神文明建设活动深入开展，举办系列主题活动，融入志愿者队伍建设，在下茆镇文化服务中心、行政服务中心、下茆社区、龙湾社区设置学雷锋服务岗，常态化开展学雷锋志愿服务。

1993年，下茆镇、龙湾镇被评定为革命老区镇。2003年11月，经广东省人民政府批准，撤销龙湾镇并入下茆镇。原来的龙湾镇革命老区名称不复存在。

五、威整镇

威整镇具有深厚的历史文化底蕴，初建于清朝乾隆年间，距今约300年历史。古村落、历史遗迹、古建筑、古树名木随处可见。威整是省级革命老区镇，从抗日名将伍观淇将军到革命烈士谢木荣，从共产党员罗四姑到地下党员罗肇奇，一代代革命先烈长眠于此，激励后人；共产党领导的游击队、地下交通人员经常在此活动，是中国共产党打击敌人、传递信息的重要基地。

解放战争时期，1949年6月，粤桂湘边纵队东风团和绥贺支队一团，在此发起对国民党反动派威整自卫队的进攻，在当地群众的支持配合下，全歼了顽敌。接着乘胜追击，连续歼灭威整白石、大洲的两个敌自卫队，为解放威整做出了巨大贡献。

1957年，威整镇谢屋等26个自然村被广东省民政厅认定为革命老区村。

1993年，威整镇被评定为革命老区镇。

威整镇位于四会市北部，全镇总面积63.9平方公里，其中基本农田（水田）6600多亩，旱地（一般农用地）3000多亩，可开发林地1.2万亩，生态林6万多亩，符合规划的工业用地9000多平方米。镇下辖8个村委会和1个社区居委会，97条自然村，114个村小组，5453户，总人口17634人，是广东省卫生镇和教育强镇。

威整自然生态环境得天独厚，周围群山环抱，树木苍翠，山清水秀，气候温暖舒适，有大片山体森林，森林覆盖率高，对污染物的净化能力较强，地区空气质量达到国家Ⅰ级标准，相对珠三角而言，威整镇具有较大环境容量。境内有奇石河风景区、羊角山森林、汉印顶森林、荷苞湾森林等大片原生态森林资源，有利于发展以休闲度假为主题的旅游业。威整镇水资源丰富，河网交错，主要有漫水河、南龙河和白水带河三大水系，其中漫水河内河段长15公里，集水面积50平方公里。在珠三角核心区城市建设趋于饱和的状态下，威整镇丰富的旅游资源将成为珠三角的后备力量，成为威整镇在新一轮竞争中的突出优势。

威整镇深刻领会和把握在"一核一轴一廊"区域发展新格局中的定位，围绕生态发展绿色长廊建设，加快培育壮大威整镇生态旅游产业。奇石河景区在成功申报全国3A级景区基础上，2018年完成景区温泉、高空悬索玻璃桥等旅游设施建设，景区知名度、影响力显著提升，接待旅客数量大幅提高。据统计，2018年景区共计接待游客10万多人，实现旅游产值6000多万元。在旅游产业带动下，威整镇全年财税入库1090万元，主要经济指标保持稳步增长。

威整镇立足于自身的粤西山水风光和生态特色的天然条件，以"生态威整，乡村旅游，绿色农业"为原则，坚持走绿色发展之路。紧紧抓住粤港澳大湾区建设、肇庆加快建设广东面向大西南枢纽门户城市的历史发展机遇，继续解放思想，开拓进取，奋力书写威整发展新篇章。

六、大沙镇

大沙镇总面积80平方公里，下辖16个村（社区）、157个村民小组，常驻人口7.7万，其中户籍人口3.4万，外来人口4.3万，是全国首批重点镇、广东省中心镇、广东省教育强镇、广东省卫生镇、广东省"2511"新型城镇化综合试点镇。

大沙历史悠久。现存23处不可移动文物，多为明清时期古建筑，其中宝胜古寺为四会市文物保护单位。古老宗教文化"贞仙诞"、千年民俗"烧炮"和"龙舟竞渡"及特色民歌渔歌文化，无不印证大沙千年古镇源远流长的历史。

大沙镇是革命老区镇。1939年10月，黄显声领导抗日游击队，在马房渡口设伏，打击来犯的日军，打死打伤日军20多人。1945年2月，四会县执行西江临委指示，在黄岗、大沙、安平等地组织抗日义勇队，开展敌后抗日游击战争。1949年10月13日，大沙军民迎接南下解放军，直插大旺、大沙平原地区，在黄岗圩与国民党溃退敌人遭遇，经过激战歼灭敌人，解放大沙。

大沙镇区位优势突出，毗邻大旺肇庆国家级高新技术开发区和肇庆市新区，是肇庆市委"两区引领两化"、四会市委"一区两城三基地"发展战略核心区；是粤港澳大湾区的后花园、珠三角辐射大西南门户枢纽、肇庆市的东大门。1小时可达广佛肇主城区，拥有珠三角环线、二广、广佛肇高速三条高速公路；广佛肇城际轨道、三茂铁路两条轨道交通；四会港和马房港两个港口。"三高两轨双港"形成了铁路、公路、航道立体交织的运输网络。

大沙镇是肇庆市实施"东融西联"发展战略的"桥头堡"，四会市实施追赶发展，落实"三个定位建设"的排头兵，拥有岗美、富溪、马房三大工业园区，工业以新材料为主导产业。特色生态资源丰富，三山相拥、四水交汇，有5万亩农田、3.5万亩养殖水面、5000多亩青歧涌国家湿地公园和1620亩飞鹅岭森林公园两大生态公园。

大沙镇商贸业活跃，圩镇有农贸、集贸两个市场，商铺500多间，辐射带动三水区青岐镇、鼎湖区永安镇等周边商贸业。"大沙河鲜特色饮食文化"和"饲料一条街"是大沙镇第三产业两大名片。

2017年，大沙镇经济发展呈现良好势头，全年完成税收（市库）入库7166.5万元。完成规模以上工业总产值53.2亿元；完成固定资产投资总额56亿元；完成批零住餐业销售（营业）额4.4亿元；完成7个增资扩产项目，增资扩产额1.3亿元，超额完成全年任务。新引进7个项目，全年总投资额达20.2亿元。

2017年，大沙大力创建全国文明城市，构建和谐社会。以"创文"为民为理念，系民情、解民忧、谋民利，坚持把创文资金更多向解决民生突出问题倾斜，补齐民生短板，投入2000多万元开展120多项民生工程建设，赢得了群众的齐声称赞。

下一步，大沙镇将抢抓粤港澳大湾区建设、肇庆加快建设广东面向大西南枢纽门户城市的历史发展机遇，朝着"湾区智谷，水韵康城"发展战略目标阔步前进。

1993年，大沙镇被评定为革命老区镇。

七、东城街道

东城街道办事处成立于1994年5月，2003年10月与原新江镇合并。合并后，东城街道办事处及其属下单位先后获得了"全国群众体育先进单位""全国城市体育先进社区""全国新建企业工会组建工作先进单位""广东省玉器加工专业镇""广东省教育强镇"等光荣称号。2005年、2006年，东城街道两度入选为全国乡镇综合实力"千强镇"；清东村荣获"全国民主法治示范村"；陶丽社区获得2015年"全国科普示范社区"。2017年，东城街道人民调解委员会荣获"全国模范人民调解委员会"，东城街道荣获"四会市创建全国文明城市工作突出贡献单位"。

民主革命时期，黄岗乡格江村的中共四会特别支部组织委员唐少彬，为四会贫苦农民翻身解放，在健全和发展四会党组织工作和开展农民运动中屡建功绩，引起了地主豪绅和当地反动武装的仇恨。1926年秋，民团头子周同章多次带领手下袭击唐少彬。一天晚上，唐少彬在黄岗农会开完会回家，便遭到他们的伏击，他迅速从后门跑了，才躲过一劫。没过几天，敌人发现他又回家，马上封锁大门，入屋搜查。他果断躲进妻子的大衣柜，叫家人故意打开后门。敌人果然中计，往后门追去。1927年4月16日，国民党发动的四一二反革命政变不久，为保存革命力量，四会特支把10多名党员转移到清东九腩村。四会县民团团长李敬五派几百个匪兵于一天天亮前包围了村子。在这场江家寺保卫战中，唐少彬为掩护战友撤退光荣牺牲，时年34岁。

四会县东河乡的沙头、黄岗有着光荣的革命斗争传统，解放战争时期，是四会武工组、独立大队的主要根据地。四会武工组、独立大队先后取得袭击国民党反动派盘踞的河东乡公所和青莲乡公所的胜利，并配合南下解放军追击向肇庆逃窜的敌人，解放清塘、大沙平原地区。

1949年5月29日，为动摇四会县敌人的防守，边区部队独立团向四会县附近的原清塘营脚村进军。他们穿上缴获的国民党军装，化装成国民党保安队，沿四（会）清（远）公路前进，骗过沿线敌人，轻取了营脚村。第二天，国民党保安第四师的两个团进攻营脚村向边区独立团反扑，激战半天，互有伤亡。考虑任务已经完成，部队遂开向大南山一带，进一步把游击战争推向四会平原地区。

东城街道办事处下辖14个社区，分别是马田社区、沙田园社区、窦口社区、槎山社区、陶丽社区、玉城社区、东方红社区、黄岗社区、沙头社区、光辉社区、前锋社区、陶塘社区、陶冲社区、清塘社区（其中后六个为"村改居"社区）；4个行政村，分别是清东村、前进村、黄岗村、河东村；166个自然村。辖内常住人口105243人，户籍人口为73625人。

东城街道办事处共有干部职工242人，其中公务员47人，原机关后勤服务人员4人，事业干部职工57人，编外工作人员123人，原东城派出所联防人员11人。办事处内设8个机构，分别为党政综合办公室、社会事务办公室、经济发展办公室、农林水办公室、人口与计划生育办公室、综治信访维稳办公室、城建规划办公室、监察审计办公室。

2017年，东城街道国地两税本级入库共计3.2亿元。完成工业总产值165.2亿元，固定资产投资67亿元，批发零售和住宿餐饮业营业额52.13亿元。全年完成实际吸收外资1767万美元。2017年新引进项目14个，其中包括广州开林家具制造项目、四会市金盛隆投资有限公司项目等，累计投资额30.86亿元，超额完成全年任务。"366"工程已完成产值9.7亿元，完成全年目标任务的114%。高效开展征地拆迁工作，全年完成征地任务3800多亩，为经济发展提供平台。

2017年，由街道牵头实施的重点建设项目有12个，分别为传统产业转型升级示范区、一力迁建工程、珠宝玉器首饰示范城、恒大御湖城、碧桂园凤凰半岛、绿茵九龙湾、四会玉器文化广场、南国玉都、君汇熙庭商住小区以及新增的江畔豪庭、碧桂园中央公园和正黄金色悦府，12个重点项目的投资已全部完成，建设进度也按照进度顺利推进。

2017年，有规模以上企业41家，其中产值超2000万的企业39家，超5000万的企业24家，行业主要为纺织染整（4家）、鞋业（5家）、塑料制品（3家）、混凝土生产制造业（1家），辖区龙头企业是一力药业集团属下两家公司，其中一力制药公司2017年产值收入累计约2.5亿元，一力医药公司2017年销售收入累计约9.23亿元。

1993年，东城街道、新江镇被评定为革命老区镇。2003年11月，经广东省人民政府批准，撤销新江镇并入东城街道。原来的新江镇革命老区不复存在。

八、地豆镇

地豆镇镇域总面积89.7平方公里，下辖12个行政村、1个社区、267个村民小组，总人口29780人，是国家重点镇、广东省中心镇、广东省教育强镇、广东省卫生镇、肇庆市科技创新专业镇。

地豆镇是革命老区。西江抗日义勇队四会大队政治宣传员和交通员李惠中，一直协助丈夫陈铮郎开展党的工作。陈铮郎是四会大沙人，中共地下党员。1942年，李惠中在地豆镇生活、战斗。自抗战以来，李惠中从四会桥下，经江谷清源乡大布村，到下茆镇上黄岗村，直到到了地豆镇东和乡才在四会简易师范学校暂时定居下来。不管生活环境怎么变化，李惠中始终坚持从事党的宣传发动和交通联络工作。1946年冬被捕牺牲，时年23岁。

1949年5月初，解放战争时期，粤桂湘边纵队绥贺支队解放军在当地武装游击队的配合下，向地豆圩进军。在强大的政治攻势下，慑于人民军队的强大威势，国民党反动派的地豆乡公所、罗源乡公所同时接受人民军队的接收。

1949年5月21日，四会县国民党军政县警一中队几百人，经威整圩向地豆的牛基辅进攻。绥贺支队第一团奉命在地豆莲子迳设伏，经过激烈的战斗，击毙敌人10名，缴获步枪10支，取得了胜利。军民乘胜追击，一路向南，迎接南下解放军，为解放四会全境做出了贡献。

地豆镇工业和农业资源丰富，目前拥有狮岭工业园区，占地面积约400亩。园区以搪瓷五金为主导产业，4家企业中有3家规模以上企业，年生产和出口的搪瓷制品总量占全国及欧美市场比重75%，是省内著名的搪瓷专业生产加工基地，全球搪瓷五金配件产品最大的研发、生产、销售基地。辖区内共有3.72万亩农田、0.33万亩养殖水面、0.23万亩水车村森林公园、43亩文体公园。

地豆镇的人居环境良好。至2018年底，全镇20户以上自然村共141条，完成验收116条，验收率为82.27%，排全市镇（街）第一名。启动建设12条美丽宜居村、1条特色精品村。下辖大板岗村、水车村代表全市作为广东省乡村振兴工作粤西片区推进会实地考察点。水车村成功创建成为广东省文明乡风建设示范点、肇庆市乡村旅游示范点。

2017年地豆镇经济发展呈现良好势头，全年全镇实现国地税总收入1905万元。实现规模以上工业总产值25亿元；完成固定资产投资4.48亿元；完成限额以上批零住宿餐饮业销售（营业）额556.3万元；完成2个增资扩产项目投资额3000万元。新引进一个项目，异地引进孩之宝新材料（广东）有限公司生产水性涂料项目，投资额1.2亿元，在谈项目4个，分别是地豆镇水车村樱花谷康养休闲旅游度假项目，投资额2.2亿元；肇庆骏鸿实业公司新迪轮胎项目（异地落户），投资额10亿元；四会市双联环保科技有限公司资源综合利用项目，投资额1亿元；四会市泰兴五金模具有限公司新建年产5000吨纯锡锭生产项目。

革命老区村庄分布情况

一、黄田镇

有老区村庄的村委共有9个，分别是榄洞村委、江头村委、黄田村委、沙塘坑村委、洛口村委、小水村委、燕崀村委、星子岗村委、进步村委。榄洞村委共有榄洞、洞心、白马崀、水洞坑4个村庄；江头村委共有上寨、下寨、黄竹坑、岗背尾、大办山、凤屈寨、杉坪、栗子岗8个村庄；黄田村委共有村心、上岗、下岗、牛眠、章坑5个村庄；沙塘坑村委共有石坳、江咀、塘仔口、崩岗、旺狗崀、旺洞咀、鸡仔屈、留塘口、沙塘坑9个村庄；洛口村委共有洛口、下洞、红星、荔枝岗4个村庄（以上均是抗日战争时期的老区村庄）；小水村委共有龙带、平头崀、仑前、坑仔洞、丰饭口5个村庄；燕崀村委共有燕崀一、燕崀二、燕崀三、燕崀四、燕崀五、燕崀六、燕崀七、燕崀八、燕崀九、燕崀十、燕崀十一11个村庄；星子岗村委共有黄坑尾、圣坑、马坑（以上均是抗日战争时期的老区村庄）、罗扶坳、虾段、罗雅岭、下蚝7个村庄；进步村委有进步1个村庄（以上均是解放战争时期的老区村庄）。

二、石狗镇

共有老区村庄的村委7个，分别是石桥村委、金坑村委、大坪村委、碲下村委、隔江村委、集群村委、讴坑村委。石桥村委共有下洞、金坑迳、下迳、迳口、高排、火烧厂、黄牛头、石狮岭、大坳、鹅颈10个村庄；金坑村委共有井头磅、上旱屈、简背、严坑口、严坑尾、河洞、黎洲江、下旱尾、下坳、上坳、上环（以上均是抗日战争时期的老区村庄）、金坑（解放战争时期）12个村庄；大坪村委共有洋崀、谢田、瓦窟崀、东坑、潭九、大坪、路岑（以上均是抗日战争时期的老区村庄）、联和、四宅、石崩（以上均是解放战争时期的老区村庄）10个村庄；碲下村委共有上马石、泽村、佛仔、对坑口、对坑尾、合龙、新寨、石巷、塘坑、邓屋、莫村、碲下、禾岭、申角、马鞍、江珠、粉碧、塘边（以上均是抗战时期老区村庄）、陈田（解放时期）19个村庄；隔江村委共有大碗迳、勒菜、半坑、木头湖、隔江、凭伞、留田7个村庄；集群村委共有潘寨、斑鸠尾、烂屋脊、何寨、上横档、三鸦塘、集群（以上均是抗战时期老区村庄）、步沙（解放时期）8个村庄；讴村村委有大锅（解放时期）1个村庄。

三、江谷镇

有老区村庄的村委共有11个，分别是顺带村委、大垌村委、严坑村委、张罗村委、水库村委、莫塘村委、担田村委、冼田村委、十二带村委、联安村委、培崀村委。顺带村委共有墩子、烂寨、虎神地、带头角、大瓮、小瓮、冬溪、石溪、大寨、长乐、小乐、岭坪、里田、寨脚下、山子口、养老坑、车下、塘垌、格坑、礼坪、永平、下岭脚、你寨23个村庄；大垌村委共有大垌、莫崀、王崀、上木良、下木良、苏坑、岭坳、岭丫8条老区村庄；严坑村委共有大夫田、黄竹迳、严坑尾、彭坑、半坑、大寨、点菜引7个村庄；张罗村委共有张罗坑、张罗口、庙坑、年岭、大塅5个村庄；水库村委共有暗迳、山塘口、深坑、车田、铁桥5个村庄（以上均是抗日战时期的老区村庄）；莫塘村委有荷菜塘1个村庄；担田村委共有芋合塘1个村庄；冼田村委共有虎形崀、洋岩、李寨3个村庄（以上均是解放时期的老区村庄）；十二带村委共有新联、十二带、南厂、横溪、黄沙坑、横岭脚、高龙尾、塘面山、上村、蜈蚣崀、梅子坪、坑口、塘洞13个村庄；联安村委共有古槽、南廖、联安一、联安二、联安三5个村庄（以上均是抗日战争时期的老区村庄）；培崀村委共有深坑、磉刀坑、水花潭3个村庄（以上均是解放战争时期的老区村庄）。

四、下茆镇

有老区村庄的村委共有3个，分别是上黄岗村委、下黄岗村委、红卫村委。上黄岗村委共有上黄岗、打铁坪、伯离坑、黑坑、蛇坑、坑尾6个村庄；下黄岗村委共有坑口、坑尾、永兴、新村、三带坑、散寨、大岗、陈家、邱家、坑崀10个村庄；红卫村委有红卫1个村庄（以上均是抗日战争时期的老区村庄）。

五、威整镇

有老区村庄的村委共有4个，分别是黄洞村委、红星村委、瓦屋村委、甜竹坑村委。黄洞村委共有谢屋、大磅、鱼尾营、牛过沙、桐油崀、碲角、双季坑、新村、白芒坝、油榨下、上黄岗、下黄岗、上蕉坪、下蕉坪、秀口15个村庄；红星村委共有吴村、旱埋、芒窝、思该下、笛子山5个村庄；瓦屋村委共有淘金井、三丫滩、东风、上厘、羊角5个村庄（以上均是抗日战争时期的老区村庄）；甜竹坑村委有桥步1个村庄（解放战争时期的老区村庄）。

六、大沙镇

有老区村庄的村委共有4个，分别是大沙村委、大布村委、岗美村委、村美村委。大沙村委有大沙旧圩1个村庄；大布村委共有大布、为民一、为民二3个村庄；岗美村委共有永东、卫东2个村庄；村美村委共有联和、永红、新安3个村庄（以上均是抗日战争时期的老区村庄）。

七、东城街道

有老区村庄的村委共有4个，分别是黄岗村委、光辉村委、沙头村委、清东村委。黄岗村委共有严村、隔洞、黄岗旧圩3个村庄；光辉村委共有卫红一、卫红二2个村庄；沙头村委有陈马吴（以上均是抗日战争时期的老区村庄）、沙头（解放时期）2个村庄；清东村委共有矮岗、山塘口、新屋、蛤蟆坳、长岗磅、岭咀一、岭咀二、鸦山、江村、红星、卫国、旱堀、里村堀、白苏崀、菜坜、地塘岗、狮爪、狗腩、新庄、雷家、旧庄、何村、黄泥塘、东兴24个村庄（以上均是解放战争时期的老区村庄）。

八、地豆镇

狮岭村委的神仙寨村庄是解放战争时期的老区村庄。

附　录

附录一 革命老区大事记

1921年

7月　中国共产党成立后，广东工农运动蓬勃发展，是年冬，四会开始筹建工会。

1922年

4月　四会成立理发工会，这是四会县最早成立的一个进步工人组织。

1923年

秋　四会相继成立碾谷（包括搬运工人和码头工人）、扎运（放运木材）、烟丝、酱料、车缝等行业工会。

1924年

4月　国民党中央农民部特派员彭湃，会同广宁、四会在广州的革命青年周其鉴、陈伯忠、罗同杰、陈子英等人，到广宁、四会开展农民运动。

8月21日　共产党员陈伯忠以国民党中央农民部特派员身份，回到黄田等地领导开展农民运动。

8月23日　江谷圩青年郑金、郑耀南和石狗区的梁文典三人，前往广州农民运动讲习所参加第二期讲习班学习。

9月12日　黄田江头乡农会和农军在国民党中央农民部特派员、共产党员陈伯忠的亲自领导和发动下宣告成立。同年底，江头乡附近的村心、榄洞、洛口等乡村的农会和农军也在陈伯忠的帮助下相继成立。

11月　万垌、进步等村相继成立农民协会和农民自卫军，当地八成以上农民参加农会。

1925年

1月1日　下茆村周培参加广州农讲所第三期的学习班学习。

1月　陈伯忠结识当时在四会县从事工农运动的积极分子伍明生、陈璧如等人。

6月　黄岗乡成立农会，成为当时四会县辖区内的第一个农会。

8月　白沙乡农会在彭氏宗祠成立，会员100余人，彭拔英被选为农会委员长。

9月　陈伯忠以国民党中央农民部特派员的身份到四会县领导工农运动和建党工作。

11月　第一次国共合作改组后的国民党广东省委委任陈伯忠、廖桂芳二人为县党部筹备委员，开展组建县党部工作。

11月　经广东团委批准，中国共产主义青年团四会支部成立，有团员3人。陈伯忠任团支部书记。

同月　陈伯忠吸收陈璧如、伍明生二人加入中国共产党，这是在四会县最早入党的共产党员。

是年底　经中共广东区委批准建立中共四会支部，委任陈伯忠任党支部书记，党员有陈璧如、伍明生、唐少彬、李木等4人。

1926年

2月 在以共产党员陈伯忠为首的四会县国民党筹备委员会的努力下，国民党四会县党部成立，党部设在四会城北门的矜育善堂。中共党员以个人身份参加县党部的有陈伯忠、陈璧如、莫石、唐少彬。

3月 中共广东区委批准四会支部改为特别支部，共有党员15人，陈伯忠任特支书记，唐少彬、雷锡南为委员。

3、4月间 陈伯忠介绍邓村农会负责人申金连加入共产党，又介绍雷锡南、彭拔英、李炳蕃、麦炳炎等人加入共产党。

4月 龙头堡农会成立，成立大会在六祖寺举行，赖西畴被选为执行委员长，并组织农军40余人。

4月25日 广东妇女解放协会四会分会成立，黎佩云为分会负责人。

5月 应清远县农会要求，唐少彬、赖西畴率黄岗、龙头农军100多人，前往清远县与当地农军联合打退民团的围攻。

夏 在四会特支的领导下，广东省四会工人联合总会宣告成立，会址设在四会城矜育善堂，李木任总工会主任，梁三九等为委员，潘仁甫任秘书。

6月 省农协会批准成立四会县农民协会筹备处，由唐少彬、雷锡南、彭拔英等负责。县农会筹备处在会城洪圣庙内办公。

9月 根据中共广东省委指示，赖谷良从香港返四会，秘密成立中共四会县委员会，并任县委书记。

10月29日 国民党中央农民部特派员、中共四会特支书记陈伯忠和县农筹会职员、共产党员赖西畴，在迳口龙藏口被四会县县长李民欣、县民团头子张杰臣等人收买的凶手杀害，并沉尸漫水河中。

1927年

9月　根据中共广东省委指示，赖谷良从香港返回四会，秘密成立中共四会县委员会，并任县委书记。

10月　县民团围攻江头农会，烧毁民房10多间，抓走农会职员陈子贤和会员陈家兴、许天祥。

1928年

4月　四会县委召开第一次扩大会议，选出了新的领导班子。陈强、世森、杨木、大芳、程生、李灶、宋秀山、叶宗三、吴自新等9人为委员，陈强、世森、大芳、程生、杨木为常委。会议认真分析了当前的形势，决定整顿四会城的党组织，由碾谷、理发、咸杂三个支部组成一个区委，由程生兼任区委书记，委员有马展云、宋秀山，以加强对工人运动的领导。

12月6日　县委书记陈强调离四会，由程生接任县委书记，不久县委再次遭敌人破坏。

1929年

3月　中共广东省委派人到四会协助四会县委恢复党的工作。

11月9日　土匪在万峒白榄根绥江河段洗劫来往于四会—怀集的"新贵益"号轮船，打死警卫员3人，掳去旅客70多人。

1930年

春　四会、广宁两县的党组织在广州沙基开设天南理发店，派陈伯贤（即陈子英）、李木、伍学南在该店以理发为掩护进行活动。天南理发店是两县党组织与上级党组织进行联系和指导两县党员进行革命活动的联络机构。

1931年

6月　四会、广宁县两县党组织根据广东省委的指示，在广宁县带洞成立绥江特别支部（后又称"广宁特别支部"），由谭洪泉负责，主要任务是领导四会、广宁两县党的活动。那时，四会县的党组织在四会县城成立一个支部，有4名党员。

1932年

11月　中共两广临委决定将广宁特支改为"西江工作委员会"，把四会党组织划归西江工委领导。

1933年

1月　中共两广临委又将西江工作委员会改为"绥江工作委员会"，四会党组织又划归绥江工委领导。

1934—1935年

由于白色恐怖严重，绥江工委和四会党组织活动被迫中断。

1937年

7月　卢沟桥事变发生后，四会县革命青年陈友群、陈德、高奕军、周益宽、严庄等先后赴延安抗日军政大学学习，结业后参加抗日工作。

9月　在全国抗日救亡高潮中，中共香港工委指示在九龙长沙湾道中和中学教书的会宁籍共产党员严玉田、孔令鉴等，以会宁同乡会名义组织服务团回乡，开展抗日救亡宣传，恢复和重建四会、广宁两县党组织。

12月24日　服务团回到四会县城，总部设在慈惠医院，并以会城为中心开展抗日救亡宣传活动。

1938年

1月初　侨港会宁同乡会回乡服务团为便于活动，决定分为广宁队和四会队。广宁队由欧新任队长，四会队由陈瑞芬任队长。

10月下旬，从延安抗日军政大学回来的共产党员陈德，按照党的指示在家乡黄岗组织了一支有40多人的抗日武装队伍——黄岗乡抗日自卫队，配备了几十支长短枪，他亲自领导这支队伍进行军事训练。

11月　撤到广宁的广东省财政厅厅长曾养甫，以一个营的建制给会宁华侨回乡服务团，要求建立抗日自卫队。由特支党员、服务团副团长陈子贤兼任队长，党员雷锡南任书记长。同月成立广宁中心县委和四会特支，陈德任四会特支书记。

12月底，广东游击队"挺四"后方办事处，在威整金盘里鼎新学校成立，办事员为陈照奎。

1939年

3月底　中共四会临工委在四会县郊的陶冲乡大雾岗村（四会临工委所在地）举办一期党训班，由谭丕桓亲自主持，学习时间约一个星期。

4月　西江特委宣传部部长梁威林以《救亡日报》记者身份在四会县中山路开办一间"四会书店"，作为党的宣传阵地和联络点，派党员陈锋、苏带、谢权等人负责。

7月7日　驻军某师五四七旅、"挺四"后方办事处、威整乡公所及各界人士、学校师生联合举行"七七"抗战两周年纪念大会，并在中山公园（现威整中学）内树立抗战建国纪念碑。

11、12月 四会县工委书记林媛在邓村、大沙、黄岗、九腩、白沙、下茆（包括江谷）、县国民兵团自卫队第一大队第一中队等处成立党支部，在四会镇、石狗、威整等地建立党小组。

12月15日 日机轰炸四会白沙村，在"反托派事件"中被错定为"托派"的原政训处特支和三水特支书记陈少陵不幸中弹牺牲。

1940年

7、8月 西江特委书记刘田夫在大沙圩慈惠医院对面的一间房子里亲自主持举办了一期党训班，有10多人参加学习，四会县参加学习的党员有陈锋、余仲平、邓燊3人。

10月 四会县委在四会县沙尾举办党员训练班，时间10天，林德昭、黄祥云负责办班，招曙等参加学习。

1941年

1月 西江特委从德庆迁往三水芦苞后，特委书记冯桑考虑到四会黄岗小学曾被搜查，县委书记黄芝桢有所暴露，便将黄芝桢调到铁场小学，由县委宣传部部长林德昭接任县委书记。

2月 鉴于高要、罗定、韶关等地书店相继被国民党当局查封，四会县委决定停办四会书店，把资金转移到黄岗圩，开办陈万祥山货店，作为四会县委活动经费的主要来源和交通站。后来，西江特委搬到四会县内凤乡，陈万祥山货店又成为西江特委与各县党组织联络的交通站。

8月秋 顺德知名人士周之贞，在江谷佛仔塘村创办青云儿童教养院，先后收容800名顺德孤儿入院教养。

9月 梁世英（党员）出任四会县中心小学校长。四会县委根据西江特委领导人的意见，由黄梅负责交通联络工作。

11月　由于三水县苹田村西江特委机关附近连遭日机轰炸，加上汉奸特务活动频繁，为确保西江特委领导机关的安全，西江特委领导便把特委机关搬到四会县内凤乡。

1942年

2、3月　中共清（远）、三（水）、花（县）边区工委特派员何俊才把边区工委领导机关从花县白坭搬到四会罗源中心小学，以后又在四会东北角的罗源、迳口、地豆等地建立党组织，并把边区工委改为清（远）、三（水）、花（县）、四（会）边区工委。

4月　日本侵略军飞机在龙湾田寮用机枪扫射，并投弹3枚，造成群众2人死亡，数人受伤。

5月　抗战第七战区挺进第四纵队儿童教养院在威整金盘里分支宗祠成立。

5月下旬　中共粤北省委被敌人破坏，省委书记、组织部部长先后被捕。

12月中旬　日军飞机在江谷圩投弹及机枪扫射，造成赶集群众死亡5人，伤30人。

1943年

1月　日军飞机14架次滥炸四会，共投弹30多枚，炸毁民船一艘，炸毁店铺房屋多间，炸死12人，伤18人。

1944年

7月　因"粤北事件"回家隐蔽的共产党员陈铮郎，被四会县县长邓徽涛委任为村美乡乡长，掌握了一支10多人的大沙自卫队。

8月　中共广东省临委和东江军政委员会在大鹏半岛的土洋

村举行联席会议。

9月 "挺四"司令部进驻威整,并成立高(要)、四(会)、三(水)党政军联合办事处。由"挺四"司令部伍观琪指挥三水县的抗日活动。

11月 西江临委负责人欧新到四会向陈德、黄显声、陈铮郎、陈锋、黎百松等传达省临委和西江临委的决定,成立中共四会县委,指定陈德为四会县委书记。

1945年

4月 四会大队派出30多人,在广宁大队谢福球等的协助下,从罗汶开进森膺洞活动。四会大队便与当地"神打友"及纪义春的武装联合起来,在森膺洞的入口处——锁匙牌设伏,大获全胜。

9月2日 日本签署投降书,中国人民的抗日战争胜利结束。

12月上旬 全副美式装备的国民党六十四军一三一师窜到四会,并在四会设立师部。12日,该师在肇清师管区保四团和四会、广宁两县的地方武装配合下,共两千余人,分十路向广(宁)、四(会)边境的五指山游击区进行"清剿"。12月下旬,中共西江特委在广宁成立。为加强广(宁)、四(会)、清(远)边区武装斗争的领导,发展边区游击战争,特委决定以原珠纵西挺大队雄狮队为主,建立广四清边区联队,由冯光(冯石生)任区队长,特委委员周明兼区队政委。

1946年

5月12日 中共广东武装人员北撤山东,西江人民抗日游击队番号停止使用。留下部分人员,以个人名义作队伍名称在四会黄田五指山等地开展活动,陈瑞琮、欧新带队,冯石生带小分队。

6月　陈瑞琮大队攻打黄田乡公所，活捉乡长关应康。

7月　在黄田的白泥口设立税站，由党员刘罩林、陈遂文负责，配合广宁石涧税站，向来往绥江河的船只收税，以解决游击队的部分给养，同时负责接送游击队的来往及递送情报等工作。

1947年

1月10日　（农历十二月廿九日），叶向荣率游击队袭击了驻黄田圩街尾榨糖厂的四清联防队潘汉岳的一个连，打得敌人跳进绥江河逃窜，逼使潘汉岳不敢在黄田立足。

4月　陈瑞琮带队袭击黄田乡公所，缴获一批枪支弹药。

5月29日　（农历四月初十晚）江金武工组在长坪出发，趁江谷自卫队第三中队中队长曾少初为其母做生日、多数自卫队队员都到曾家饮宴之机，袭击该自卫队炮楼。

11月20日　黄田乡民主政府成立，陈子英任乡长。

1948年

1月　五指山区督导处派出林鹏等文工队队员到各地宣传，动员群众参军。各地青年纷纷响应，仅在讴坑、罗锅村就有50多人参加游击队。

是月，广四清边区人民政权"广四清联区政务委员会"成立，冯华任主席，江肇东任副主席。同时成立了边区独立中队，余建南任独立中队长。

5月上旬　四会县自卫队一、二、三中队和江谷自卫队共数百人，向上下黄岗进犯。在十二带活动的欧新部队和陈英部队以及江金武工组共约400人便将计就计伏击敌人，取得胜利。此役俘敌5人，缴获长枪20余支。后江金武工组改名为"建国队"，队长仍由江金担任，部队党委派陈锋去当指导员。

1949年

4月　中国人民解放军粤桂湘边纵队绥贺支队正风团成立。陈瑞琮任团长兼政委。团部设在四会。

6月初　粤桂湘边纵和绥贺支队领导为开辟绥江河下游四（会）三（水）边区的游击根据地，派陈德、谢剑影、周林、杨南、吴奇等5人组成武工组，以陈德为组长，谢剑影为副组长，率队再次到大南山和大旺一带活动。

7月6日　连支三团派三个主力连，与东风团主力配合，对威整新成立的敌自卫队和四会县保警发动第四次打击，游击队毙伤敌一批，俘获威整自卫队大队副罗瑞以下40多人，缴获轻机3挺，猪笼机枪1支，掷弹筒1杆，长短枪62支，子弹2000余发。

8月初　陈德、谢剑影率队又袭击清莲乡公所，缴获猪笼机枪2支，步枪4支，子弹4箱，全俘该乡公所乡丁及工作人员。

同月　粤桂湘边纵队和绥贺支队领导在大南山游击队抽调了一批骨干到五指山根据地集训，并把该队正式命名为"绥贺支队四会独立第一大队"，任命陈德为大队长，谢剑影为副大队长，陈锋为教导员。

10月16日晚　中国人民解放军第二野战军四兵团十四军四十二师部队与粤桂湘边纵队绥贺支队四会独立大队先后进入四会县城，四会宣告解放。

10月24日　四会县军事管制委员会成立，陈锋为主任，陈德为副主任，接管国民党县政府，同时成立支前指挥部。

11月初　中共四会县委宣告成立，简坚任县委书记，陈锋任县委副书记，委员有陈德、关德。

12月24日　经广东省人民政府批准，成立四会县人民政府，县长陈锋，副县长陈德。

老区革命先烈

一、四会农民运动的先驱陈伯忠（1901—1926）

陈伯忠，乳名新启，黄田镇江头乡人。江头乡，建国前属广宁县管辖。

青少年时期，陈伯忠来到广州读书，多彩的新生活，让陈伯忠大开眼界，广州市的工人和学生在中国共产党的领导下，经常集会示威游行，反帝、反封建的斗争口号响彻云霄；校园里接触进步书刊，研究探索社会问题，积极参加社会活动，他日渐受到革命思想的熏陶。广东省农民运动讲

陈伯忠

习所教员、广宁早期的共产党员周其鉴，发现陈伯忠积极向上，革命热情充沛，便引导他投身广宁农村的农民运动。党组织的谆谆教导，共产党员的言传身教，让陈伯忠在革命的航船上沿着正确的航道前进。

1924年8月，在周其鉴的诚挚邀请和鼓励推荐下，陈伯忠回到故乡四会黄田地区开展农运工作。他找苦大仇深的农民谈心，和农民一起劳动了解情况，向农民群众讲解革命道理，并为佃

户、债户减轻负担，为贫苦农民解决困难做了许多工作，群众对他越来越信赖。这时，他和农民群众中的积极分子陈子英、陈子贤、陈扁、陈任等人筹备成立了江头乡农会。9月12日，江头乡农会在本村"朝谷陈公祠"举行成立庆祝大会，同时建立江头乡农民自卫军。陈伯忠把自家护院的几杆长枪短枪交给农会使用；当众把家里的田契、借据公开焚毁，自家佃户、债户的欠账一笔勾销。他的义举和革命的自觉性，给附近农民吃了一颗定心丸，大家踊跃加入农会。江头乡农会的成立，给附近各乡农民很大的鼓舞，认为农民只有组织起来，成立农会，才能与地主豪绅进行斗争。

1924年10月6日，广宁县农民协会成立，陈伯忠被选为农协会副委员长。在农民协会的领导下，全县掀起了一个如火如荼的减租减息群众运动。

1925年9月，党派陈伯忠回到四会县开展工农运动。广宁的农民运动，使四会受到很大的震动。四会城和一些乡村很快成立了工会和农会。陈伯忠抓住这一有利时机，带领陈子英、陈子贤、陈扁等积极分子到黄田、村心、洛口等地进行宣传。他不怕地主豪绅的恐吓，头戴竹帽、身穿粗布衣服，走遍村村寨寨。每到一地都在农民家里食宿，同农民一起劳动，因而深受农民的信赖和拥护。在陈伯忠等同志的宣传发动下，这几个乡也先后建立起农会。

1926年2月，经上级党组织批准，中共四会支部改为特

陈伯忠烈士墓

支，陈伯忠任特支书记。从此，四会的工农运动在中共四会特支的领导下，更加蓬勃发展。

在中共特支和县农会的领导下，四会的农民运动进一步深入发展，一些地主豪绅为了阻挡农民运动的继续发展，破坏已经掀起的减租减息运动。陈伯忠面对这恶劣形势，毫不畏惧，决心为四会工农大众的翻身解放而全力奋斗。这时县农会（筹备中）职员赖西畴因事从威整来迳口找陈伯忠汇报工作。

1926年10月28日晚11时，有人告诉陈伯忠，李民欣派团丁在他们住处周围埋伏。第二天，陈伯忠便带领赖西畴离开了民团局。当他们走到蕉坑龙王庙附近时，突然被李民欣的爪牙张杰臣收买的几个凶手捉住，拉至迳口的龙藏口杀害。陈伯忠牺牲时年仅26岁。随后，陈伯忠遗骸被移回其家乡黄田镇江头乡山上安葬。建国后，人民政府追认陈伯忠、赖西畴为革命烈士。1993年2月和2013年2月，四会市人民政府两次对陈伯忠墓重新修葺，并将其定为四会市重点文物保护单位和爱国主义教育基地。

二、农民运动先锋赖西畴（1896—1926）

出身于农民家庭，四会龙甫营脚村人。民国13年到开平任教。这期间他结识许多进步人士，阅读进步书刊，受到共产主义思想的影响。民国十四年（1925）春，与乡中挚友潘仁甫到广州，在东山基督教会办的神道学校工作，此时结识共产党员陈伯忠，在陈的影响下，认识到只有进行民主革命才能救中国。他和潘仁甫反对神道学校的奴化教育，在这里工作不到一年就离职返乡。

赖西畴

1925年冬，陈伯忠在四会组织农会，

建立党组织。赖西畴在陈伯忠、唐少彬等的支持下，开始在龙头堡进行组建农会的宣传发动工作。此举引起地主豪绅的恐慌，他们对赖西畴进行威逼利诱，但赖西畴矢志不移地进行农运工作。后经陈伯忠介绍，赖西畴参加中国共产党，成为四会早期的中共党员。

1926年4月，龙头堡农会正式成立，赖被推为农会执行委员长。他积极领导农民开展减租减息运动，责令地主将祖尝公款交农会掌握，取消民团费及其他苛捐杂税，并接管民团武装，组成龙头堡农民自卫军。同年6月，四会县农会筹委会成立，赖被调到该会工作。10月底，他因事到迳口找陈伯忠，他们同时在龙藏口被反动派收买的凶手杀害，赖时年30岁。建国后被追认为革命烈士。

现在四会市龙甫镇营脚村村委会附近，一处位于路边的大理石墓园显得格外肃穆，高高的墓碑在翠绿的枝叶的簇拥中屹立着，墓园入口被枝叶缠绕成拱门，园里墓碑前还摆放着清明扫墓时留下的翠绿色花圈。这里，就是农运先锋赖西畴烈士的墓园。

三、抗日英雄黄显声（1914—1950）

黄显声，又名"黄中"，广东省四会市大沙镇大布村人，青年时就读于广雅中学和知用中学，在校期间，他受进步思想熏陶，加入中国共产党。

1937年7月，卢沟桥事变后，黄显声放弃学业，参加"广东省抗日救亡动员委员会"和"抗战教育实践社"高级自修班，在珠三角开展抗日救亡宣传活动，动员青年参加广东青年抗日先锋队，协助地方成立"抗敌御侮救亡后援会分会"。

回到家乡四会后，黄显声先后任四会县国民兵团自卫队第一大队第一中队中队长和西江人民抗日义勇队四会大队的大队长，结识同是从事地下工作的黄梅，后来结为夫妻，共同投身抗日救亡工作。

1939年夏，黄显声按照四会地下党的安排，担任四会县民兵团自卫队第一大队第一中队的中队长，并在中队内部设立共产党支部。这支队伍在四会、三水前线与日军浴血奋战，战绩辉煌，被人民称为真正的抗日武装队伍。同年10月，黄显声指挥第一中队在马房阻击日军，击毙日军指挥官1名，击伤日军官兵20余人，极大鼓舞了四会军民的士气。

抗战胜利后，黄显声先后被党组织送到广州、香港治病。虽在病中，黄显声拒绝了妻子要留在身边照顾的要求，坚持让黄梅留在工作岗位上，以新中国建设为要务。1950年3月，黄显声为家人留下了最后一封家信，鼓励妻子黄梅安心工作。同月，黄显声病逝。

3月21日，中共四会县委、四会县人民政府、中国人民解放军四会县大队向黄显声家人发出悼念信，称黄显声为"可爱的战友"，称他的去世是"革命事业上的损失"。

附：四会市革命烈士芳名表

（一）四会市革命烈士英名录（第一、二次国内革命战争时期）

序号	姓名	曾用名	性别	出生年	籍贯	党团员	参加革命时间，牺牲时间，地点，原因	牺牲前单位、职务	备注
1	唐木生		男	1893	东城街道黄岗村委格江村		1923年参加农民自卫队，1925年在四会县清东乡九南村被敌别动队逮捕杀害	四会县农民自卫队队员	
2	陈伯忠		男	1901	黄田镇江头村委上寨村	中共党员	1923年在广州黄埔军校参加革命，1926年在四会县迳口三丫口被敌人杀害	四会县农会负责人	曾任广、四、怀农军总指挥
3	祝新林		男	1906	黄田镇黄田村委红旗村		1926年参加农会，1926年7月在四会县黄田乡被匪军杀害	四会县黄田乡农会会员	
4	赖西畴		男	1896	龙甫镇营脚村委麻坳村		1925年参加革命，1926年在四会迳口三丫口被敌人杀害	四会县农民协会筹委	
5	张松	张松记	男	1881	黄田镇马迳村委石寨村		1923年在广州参加革命，1927年10月被敌人逮捕后于广宁石基杀害	四会县农会负责人	
6	谭二祥		男	1891	黄田镇榄洞村		1927年参加农会，同年在广州市被敌军偷袭牺牲	四会县黄田乡农会会员	

序号	姓名	曾用名	性别	出生年	籍贯	党团员	参加革命时间、牺牲时间、地点、原因	牺牲前单位、职务	备注
7	陈保恩		男	1884	黄田镇江头村委上寨村		1926年参加革命，1927年在四会县黄疗沙坑执行任务牺牲	地下工作者	
8	张绍田	张个骆	男	1887	大沙镇龙马村委石杰村	中共党员	1921年在香港参加孙中山号召的铁血会，1927年在四会县组织农民运动被捕，于广州被害	四会县农会负责人	
9	吴新娣		男	1888	黄田镇洛口村委大寨村		1925年参加农会，1928年在四会县马运分河坑口剿匪牺牲	四会县黄田乡农会会员	
10	罗水源		男	1889	黄田镇榄洞村		1927年参加农会，1929年在广州被军偷袭牺牲	四会县黄田乡农会会员	
11	罗贤财		男	1896	黄田镇榄洞村		1927年2月参加农会，1929年在广州被匪军捕杀	地下工作者	

（二）四会市革命烈士英名录解放战争时期

序号	姓名	曾用名	性别	出生年	籍贯	党团员	参加革命时间、牺牲时间、地点、原因	牺牲前单位、职务	备考
1	祝开		男	1915	黄田镇黄田村委下岗村		1942年参加游击队，1945年在广宁县排沙圩被害	绥贺支队四会大队战士	
2	吴春良	吴亚全	男	1918	贞山街道金星村委京村	党员	1931年在四会中学搞地下工作，1945年在广宁县南街被国民党杀害	绥贺支队四会大队连指导员	
3	陈桂生		男	1899	黄田镇江头村委房屋寨村		1944年参加游击队，1947年被捕后在四会县洛口地豆洲被害	绥贺支队四会大队江头游击队情报员	
4	陈二九		男	1931	黄田镇江头村委上寨村		1945年参加游击队，1947年6月在清远县龟山战斗牺牲	绥贺支队四会大队战士	
5	许罩		男	1932	黄田镇江头村委下寨村		1945年参加游击队，1947年6月在清远县龟山战斗牺牲	绥贺支队四会大队战士	
6	许九	许木九	男	1923	黄田镇江头村委下寨村		1944年参加游击队，1947年在广宁县排沙战斗负伤被捕，后遭杀害	绥贺支队四会大队战士	

序号	姓名	曾用名	性别	出生年	籍贯	党团员	参加革命时间、牺牲时间、地点、原因	牺牲前单位、职务	备考
7	陈　锦	陈其祥	男	1900	黄田镇沙塘坑村委石凹村		1944年参加游击队，1947年被捕后于四会县沙塘坑被害	绥贺支队四会大队战士	
8	严亚引	严根道	男	1901	黄田镇进步村委进步村		1946年参加游击队，1947年在四会县进步村进行征粮时被土匪杀害	绥贺支队四会大队战士	
9	陈荣松		男	1901	黄田镇江头村委上寨村		1945年参加游击队，1947年被捕，后于四会县讴坑径被害	绥贺支队四会大队江头游击队情报员	
10	许木养		男	1924	黄田镇江头村委下寨村		1946年参加游击队，1947年在四会县沈田战斗牺牲	绥贺支队四会大队班长	
11	陈家祯		男	1887	黄田镇江头村委房屈村		1944年参加游击队，1947年国民党扫荡时被捕，后在四会县黄田洛口地豆洲被害	绥贺支队四会大队江头游击队情报员	
12	陈子炎		男	1901	黄田镇江头村委上寨村		1926年参加革命，1947年在东江纵队作战受伤，牺牲于香港	东江纵队中队长	

177

序号	姓名	曾用名	性别	出生年	籍贯	党团员	参加革命时间、牺牲时间、地点、原因	牺牲前单位、职务	备考
13	巫镜池		男	1908	东城街道清东村委九南山村	党员	1933年参加党的地下工作，1947年在云浮县搞地下活动因公牺牲	云浮县地下党支委	
14	周子尽		男	1920	江谷镇十二带村委塘洞村		1945年3月参加游击队，1947年在四会县罗源下疗战斗牺牲	绥贺支队广宁江金游击队战士	
15	何水		男	1930	黄田镇洛口村委庙坳		1945年8月参加游击队，1947年11月在翁源县白圩战斗牺牲	绥贺支队四会大队洛口游击队警卫员	
16	周伙生		男	1915	江谷镇十二带村委塘洞村		1945年3月参加游击队，1947年12月在四会县江谷为部队买日常用品，返回水花云拱桥头途中牺牲	绥贺支队四会大队江谷游击队战士	
17	陈广华		男	1917	东城街道沙头村		1944年参加游击队，1946年被捕后于1948年在广宁县南街被害	绥贺支队联络员	
18	谢木荣		男	1927	威整镇黄洞村委牛过沙村	党员	1945年参加游击队，1948年在解放清远县战斗中牺牲	清远县太平秦皇游击队爆破队队长	

序号	姓名	曾用名	性别	出生年	籍贯	党团员	参加革命时间、牺牲时间、地点、原因	牺牲前单位、职务	备考
19	彭良云		男	1917	威整镇南龙村委白石村		1947年解放入伍，1948年在淮海战役中牺牲	中国人民解放军战士	
20	李荣		男	1912	四会市城中街道		1946年参加游击队，1948年于德庆县悦城搞宣传时被害	绥贺支队四会大队宣传员	
21	杨伏生		男	1914	江谷镇联安村委长平村		1945年参加游击队，1948年在四会县冼田战斗中负伤，后牺牲	绥贺支队四会大队班长	
22	陈三兴		男	1901	江谷镇顺带村委旧村		1944年4月参加游击队，1948年在广宁县石牛山被土匪杀害	绥贺支队四会大队通信员	
23	林满		男	1930	江谷镇马岗村委新塘村		1947年参加绥贺支队，1948年6月在四会县马岗坳洞执行任务，触发地雷牺牲	绥贺支队四会大队战士	
24	萧南桥		男	1901	江谷镇十二带村		1946年4月在广宁县参加江金起义，1948年8月在广宁县春水因公牺牲	绥贺支队广宁江金游击队战士	

序号	姓名	曾用名	性别	出生年	籍贯	党团员	参加革命时间、牺牲时间、地点、原因	牺牲前单位、职务	备考
25	何带		男	1914	江谷镇联安村委古曹村		1947年参加游击队，1948年在四会县威整与广宁江屯江交界处战斗被俘遇害	绥贺支队广宁江金游击队战士	
26	陈芳	陈智珠	男	1930	贞山街道姚沙村委曹布村		1946年参加革命，1948年在广宁县四邑乡战斗牺牲	粤桂湘边区纵队游击队队员	
27	郑东		男	1930	石狗镇带下村		1946年农历三月初七，在佛岗县烟岭么井前坑突围牺牲	粤赣湘边区纵队北江先遣游击队队员	安葬在佛岗井岗小学背山
28	黄飞南		男		大沙镇安南坑黄村		1945年参加党领导下的广宁、四会武装起义，1948年在广宁古水攻打陈家祠，作战牺牲		
29	许木	许木养	男	1919	黄田镇江头村委大办山村		1946年12月参加游击队，1949年在四会县江林冼田村战斗牺牲	绥贺支队四会大队分队长	

序号	姓名	曾用名	性别	出生年	籍贯	党团员	参加革命时间、牺牲时间、地点、原因	牺牲前单位、职务	备考
30	罗水生		男	1926	黄田镇黄田村委上岗村		1945年参加游击队，1949年9月战斗负伤，在黄田牺牲	绥贺支队四会大队战士	
31	郑木火		男	1917	石狗镇金坑村委简背村		1946年11月被选为民主政权副乡长，1949年在四会县金坑村被土匪杀害	四会县金坑村红色政权副乡长	
32	卢锦培		男	1916	石狗镇讴坑村委罗锅八村		1948年11月解放入伍，1949年5月在淮海战役战斗牺牲	华东野战军第一纵队172团二营四连战士	
33	黎培明		男	1925	江谷镇大布村委大窝江		1946年参加解放军，1949年12月在舟山群岛战斗牺牲	三野战士	立二等功1次

（三）四会市革命烈士英名录（社会主义革命和社会主义建设时期）

序号	姓名	曾用名	性别	出生年	籍贯	党团员	参加革命时间、牺牲时间、地点、原因	牺牲前单位、职务	备注
1	官荣		男	1930	江谷镇担田村委埔合塘村		1947年4月参加游击队，1950年7月在肇庆公安队晚上查哨、被坏人杀害	第四野战军十四团十七班班长	
2	冼济安		男	1925	江谷镇江和村委二和村		1950年4月解放入伍，1950年9月在海南岛剿匪失踪	海南驻军战士	1964年被追认为烈士
3	李淦堂		男	1925	龙甫镇营脚村委独岗村		1948年解放入伍，1950年在朝鲜战场作战牺牲	志愿军战士	
4	乡华	乡五华	男	1930	下茆镇南塘村委江尾村		1949年参加解放军，1950年12月在朝鲜战争中牺牲	二十军六十师副班长	
5	卫三		男	1918	地豆镇邓寨村委崀二村		1948年10月参加解放军，1950年12月13日在朝鲜咸兴郡武志里战斗中牺牲	二十六军战士	
6	杨明		男	1922	地豆镇东平村岗塔崀		1950年1月1日参加公安连，1950年冬在番禺县东圃公路放哨时、被敌机袭击中弹牺牲	番禺县禺东区联乡办事处公安连班长	1989年5月25日，经广东省人民政府批准追认为烈士
7	邓亚晚	邓志	男	1920	石狗镇带下村委粉碧村		1949年解放入伍，1951年在朝鲜战场牺牲	志愿军班长	

序号	姓名	曾用名	性别	出生年	籍贯	党团员	参加革命时间，牺牲时间、地点，原因	牺牲前单位、职务	备注
8	潘水仁	潘启水	男	1916	石狗镇都良村委罗坑村		1947年7月解放入伍，1951年在朝鲜战场作战牺牲	志愿军战士	
9	曾　祥		男	1924	江谷镇十二带村委大凹村		1950年4月入伍，1951年2月11日在朝鲜岩月山战斗中牺牲	三四二四部队机三连战士	埋葬地：朝鲜京机道广州都岩月山
10	周　林		男	1925	江谷镇竹寨村		1947年解放入伍，1951年在朝鲜作战牺牲	志愿军战士	
11	雷国光		男	1924	江谷镇郊村委雷村		1949年10月参加土改工作，1951年在四会县江谷进行土改时被土匪杀害	四会县江谷土改工作队队员	
12	程国华	程苟仔	男	1911	贞山街道官碑村		1948年解放入伍，1951年在朝鲜战场作战牺牲	志愿军战士	
13	陈　钟	陈　天	男	1928	龙甫镇芙蓉村委冲洞村		1945年参加解放军，1951年在朝鲜老岕岭战斗中牺牲	志愿军班长	
14	陈　添	陈渐南	男	1925	迳口镇迎头村委上坑村		1949年11月参加解放军，1951年在朝鲜战场作战牺牲	志愿军战士	

序号	姓名	曾用名	性别	出生年	籍贯	党团员	参加革命时间、牺牲时间、地点、原因	牺牲前单位、职务	备注
15	邱国强		男	1923	地豆镇大布洞村委沙州村		1948年11月参加解放军，1951年10月8日在朝鲜四〇四高地战斗牺牲	志愿军班长	
16	陈上基		男	1921	下茆镇蒲洞村		1946年解放入伍，1951年朝鲜战场作战牺牲	志愿军战士	
17	陈伍仔	陈启明	男	1925	下茆镇楼脚村		1949年解放入伍，1951年在朝鲜战场牺牲	志愿军战士	
18	管善松		男		威整镇		1949年4月参加革命，1951年10月8日在四〇四高地战斗中牺牲	二三二团三连战士	
19	乡志平		男	1928	下茆镇南塘村委大寨村		1948年7月解放入伍，1951年11月在战争中负伤后，于四川省失踪	三野战士	1965年被追认为烈士
20	李财		男	1925	地豆镇大东一村委猪㙟头村		1948年10月15日入伍，1951年11月在朝鲜战争中失踪	志愿军攻事员	1963年被追认为烈士
21	彭德泉	彭珠泰	男	1918	威整镇南龙村委锦绣村		1949年12月解放入伍，1951年11月27日在朝鲜战场作战牺牲	一七五师五八五团二营六连战士	
22	吴志华		男	1932	地豆镇狮岭村委黄泥坑村		1951年参加志愿军，1952年初在朝鲜战争中牺牲	志愿军战士	

序号	姓名	曾用名	性别	出生年	籍贯	党团员	参加革命时间、牺牲时间、地点、原因	牺牲前单位、职务	备注
23	乡官海	乡达海	男	1926	下疌镇南塘村委大寨村		1951年参加志愿军，1952年初在朝鲜战场失踪	四十四军一三〇师三八九团三营十连战士	1981年被追认为烈士
24	黎林仔	黎炽中	男	1927	下疌镇上疌村委大洞村		1949年解放入伍，1952年在朝鲜战场作战牺牲	志愿军战士	
25	麦玉权		男	1926	下疌镇上疌村委麦村		1949年参加解放军，1952年5月22日在朝鲜战争中牺牲	志愿军战士	
26	黄能		男	1919	大沙镇安二村委江尾刘家		1950年参加解放军，1952年在朝鲜战争中牺牲	志愿军战士	
27	黄成发		男	1927	大沙镇迴龙村委京步村		1948年11月参加解放军，1952年在朝鲜战场失踪	十一军三十四师一〇〇团二营第五小队战士	1981年被追认为烈士
28	严乃生	严兰娇	男	1921	石狗镇迴龙村委江边村		1946年解放入伍，1950年在南京战伤，1952年12月21日在广州医院逝世	四野战士	
29	罗德祥		男	1921	城中街道永红街一巷七号	党员	1949年7月解放入伍，1953年在朝鲜金城作战牺牲	志愿军副班长	
30	李雄飞		男	1927	迳口镇下寮村委桂子景村	党员	1949年参加解放军，1953年朝鲜战场作战牺牲	志愿军排长	

序号	姓名	曾用名	性别	出生年	籍贯	党团员	参加革命时间、地点、原因，牺牲时间、地点	牺牲前单位、职务	备注
31	刘国基	刘贤基	男	1933	东城街道清塘村委燕子塱村		1950年参加志愿军，1954年在朝鲜修复公路时触发地雷牺牲	志愿军班长	
32	雷小清		男	1927	下茆镇渔云村委新兼村		1949年4月参加解放军，1953年在朝鲜作战负伤后，1954年在四会县医院牺牲	华东军区坦克二师技术处通信员	
33	曾文开		男	1934	江谷镇新屋村委崩岗头村	团员	1955年3月参加解放军，1956年7月24日在湖北因公牺牲	○○○四九部队战士	
34	陈德昌		男	1936	城中街道高布村委老兼村	候补党员	1955年12月参加解放军，1957年12月在珠海练兵时牺牲	三〇八八部队副排长	在训练时因枪走火牺牲
35	巫润真		男	1938	兴宁县叶南公社付竹大队		1956年5月应征入伍，1958年8月在连南县公安局执行任务时牺牲	连南县公安支队战士	
36	陈勇		男	1930.1	浙江省三门县三岩区后陈乡		1949年4月参加革命，1960年1月在四会县大南山林场抢救山火牺牲	四会县大南山林场副场长	
37	翁国才		男	1942	江谷镇培崀村委曙光村		1960年应征入伍，1962年在海南榆林港营房被凶犯杀害	海南岛崖县榆林港海军班长	已迁回原兴宁县
38	邓锡金		男	1945	石狗镇带下村委邓屋村		1964年2月应征入伍，1964年7月在怀集县因台风塌房牺牲	怀集县中队战士	

序号	姓名	曾用名	性别	出生年	籍贯	党团员	参加革命时间、牺牲时间、地点、原因	牺牲前单位、职务	备注
39	练奕洲		男	1942	地豆镇赤草畏村委九子厘村	党员	1958年10月参加人民武装警察部队，1964年8月14日在怀集县训练时牺牲	四会县公安中队副班长	
40	曾德渐		男	1943	地豆镇三桂村委大坯村	党员	1964年3月应征入伍，1965年6月14日在广西柳州吴峰山执行任务被敌杀害	六九九六部队七十二分队通信员	
41	刘贤伙		男	1946	龙甫镇三桂村委星子岗村		1965年12月应征入伍，1966年5月在怀集县因台风揭房遇难	怀集县公安中队战士	
42	陈树华		男	1936	地豆镇三桂村委黄田坑村		1964年应征入伍，1966年在湛江部队训练时牺牲	六九九六部队战士	
43	钟亚东		男	1939	石狗镇大坪村委田心村	党员	1960年3月应征入伍，1967年8月在广州抢救国家财产牺牲	六九六八部队直属分队给养员	
44	潘日华		男	1947	龙甫镇营脚村委禾地岗村		1967年12月应征入伍，1968年5月珠海县值勤因雷击遇难	〇五〇〇〇部队战士	
45	陈善奴		男	1944	威整镇西坑村委九毛洞	党员	1964年应征入伍，1968年6月11日在汕头牛田洋抢险牺牲	〇四九部队九十一分队班长	
46	梁水洞		男	1946	威整镇威整村委新东村	团员	1962年应征入伍，1968年6月11日在四川省进行国防施工时牺牲	八八一五部队战士	

序号	姓名	曾用名	性别	出生年	籍贯	党团员	参加革命时间、地点，原因／牺牲时间、地点	牺牲前单位、职务	备注
47	叶植坤		男	1944	罗源镇洞心村委洞心村	党员	1964年应征入伍，1968年6月11日在汕头牛田洋抢险牺牲	○四九二部队八十六分队	
48	潘火新		男	1944	罗源镇洞心村委下王村		1964年应征入伍，1968年在汕头牛田洋抢险牺牲	○四九二部队72-86分队战士	
49	刘火荣		男	1945	下茆镇马坡村委白石坑		1966年3月应征入伍，1968年12月23日在川黔铁路建设中牺牲	铁道兵二师八团三营十一连战士	
50	曾永佳	曾佳	男	1930	江谷镇竹寨村委荷群村	党员	1955年参加解放军，1969年5月27日在湖北省防洪抢险牺牲	○四九二部队汽车独立连战士	
51	冼才		男	1941	下茆镇下堀村委丁村	党员	1964年8月参加解放军，1969年7月28日在汕头牛田洋防洪抗洪牺牲	○四九二部队八十五分队班长	
52	顾锡林		男	1949	江谷镇大布村委永安西村		1969年1月在湖南省应征入伍，1970年12月17日在湖南省进行南岳国防施工时牺牲	湖南省衡山驻军班长	
53	胡松新		男	1952	龙甫镇蚁田村委虎板坑村		1972年12月应征入伍，1973年5月在广西贵县为抢救落水儿童牺牲	○五○○部队战士	
54	郑水源		男	1953	石狗镇格岗村委凭伞村		1972年11月应征入伍，1975年7月6日在汕头军事演习中牺牲	驻汕头海军战士	

序号	姓名	曾用名	性别	出生年	籍贯	党团员	参加革命时间、牺牲时间、地点、原因	牺牲前单位、职务	备注
55	刘国选		男	1922	江苏省三布县伍段区孟庙乡		1939年3月应征入伍，1975年7月27日因患肾病医治无效，在广州军区一九七医院病故	四会县武装部政委	1975年8月经广东省军区批准追认为烈士
56	黄新桂		男	1951	石狗镇大坪村委四宅村	党员	1973年1月应征入伍，1976年10月在广东电白自卫军事训练牺牲	五三〇一四部队七十一分队战士	
57	雷国标		男	1955	江谷镇郑村村委雷村	党员	1975年参加解放军，1979年2月17日在对越自卫还击战中牺牲	五三五六一部队二炮连卫生员	立二等功1次，三等功1次
58	李锡洪		男	1956	地豆镇塔崀村委田垌村	党员	1975年1月应征入伍，1979年2月17日在对越自卫还击战中牺牲	五三五六〇部队五连战士	立一等功1次
59	巫荣开		男	1959	肇庆大旺高新区		1978年4月应征入伍，1979年2月17日在对越自卫还击战中牺牲	五三五六一部队七连战士	立二等功1次
60	张金福		男	1959	下茆镇龙湾村委张村		1978年3月参加解放军，1979年2月17日在对越自卫还击战中牺牲	五三五七〇部队六十五分队卫生员	立三等功1次
61	黄光华		男	1958	城中街道永新街四巷十九号	团员	1978年3月应征入伍，1979年2月19日在对越自卫还击战中牺牲	五三五六〇部队七十二分队战士	立二等功1次

序号	姓名	曾用名	性别	出生年	籍贯	党团员	参加革命时间、牺牲时间、地点、原因	牺牲前单位、职务	备注
62	胡家强		男	1954	迳口镇新围村委侧底村	党员	1975年1月应征入伍，1979年2月20日在对越自卫还击战中牺牲	五三五六一部队九班班长	立一等功1次
63	陈荣金		男	1955	下茆镇楼脚村委垌企村	团员	1976年3月参加解放军，1979年2月20日在对越自卫还击战中牺牲	五四二〇九部队九十四分队战士	
64	曾水泉		男	1954	迳口镇迳口村委新农村	党员	1975年1月应征入伍，1979年2月22日在对越自卫还击战中牺牲	五三五〇部队七十八分队副连长	立一等功1次、立三等功1次
65	林文华		男	1956	大沙镇马房村		1976年应征入伍，1979年2月23日在对越自卫还击战中牺牲	五三五六〇部队九班班长	立二等功1次
66	雷北流		男	1955	地豆镇下街村委下村	团员	1976年3月应征入伍，1979年3月3日在对越自卫还击战中牺牲	五四二〇九部队九十四分队副班长	立三等功1次
67	李锡球		男	1958.3.10	江谷镇黎寨村委鸦寨村		1979年1月应征入伍，1980年5月14日在唐山市〇〇二四部队三十二分队施工中牺牲	〇〇二四部队三十二分队战士	
68	陈新忠		男	1966.2.3	石狗镇讱坑村委六村		1983年10月24日应征入伍，1986年10月30日在广西边境轮战中光荣牺牲	海南军区侦察连副班长	

序号	姓名	曾用名	性别	出生年	籍贯	党团员	参加革命时间、牺牲时间、地点、原因	牺牲前单位、职务	备注
69	邱志雄		男	1974	下茆镇石罗村委会门楼村		1996年7月任三水市公安局用警队技术员，1998年10月3日晚在围捕一名盗窃歹徒时被歹徒用刀刺中胸部英勇牺牲	三水市公安局范湖分局刑警队用警队技术员	1998年10月5日追认为革命烈士，12月14日被授予二级英模称号
70	王继贤		男	1981	广东潮安县金石镇二村	团员	2003年10月8日进入四会市公安局工作，2006年8月4日，在四会市新风路一巷抗洪抢救灾过程中，为抢救群众生命而英勇牺牲	四会市公安局巡警大队科员	
71	彭新德		男	1952	四会市威整镇南龙白石布村		1974年12月参加工作，2006年8月4日，在威整电站新工地渠道管理站抢修桩号9+700上渠基裂缝时，被突发的山泥倾泻冲下约150米山坡后英勇牺牲	四会市威整电站渠道新工地管理站新班长	2007年4月被追认为烈士

附录三 革命老区史迹与遗址

一、黄田江头乡农会旧址

江头乡农会旧址位于黄田镇江头村委会上寨村朝谷陈公祠内。这里在20世纪20年代是广宁四会地区农民武装运动的主要阵地。2017年初，黄田镇对农会旧址进行保护修缮，拆除了周边猪舍等废旧建筑，打造了600多平方米的红色革命教育广场和家风家训教育广场。

大革命时期，陈伯忠同志在这里领导了轰轰烈烈的农民运动。

江头乡农会旧址——四会市红色革命教育基地

江头乡农会旧址

　　四会市黄田镇江头乡农会旧址管理员陈世强，从1977年退伍返乡，到2006年，任村干部的工作之一就是守护江头乡农会旧址和陈伯忠烈士墓等红色文化遗产。退休之后，他被正式聘任为江头乡农会旧址管理员，负责旧址及陈伯忠故居的日常讲解、卫生保洁等工作。至今，他已经守护黄田镇红色文化遗产超过40年。

二、彭泽民故居

　　彭泽民故居是四会市爱国主义教育基地。

　　彭泽民故居坐落在四会市城中街道白沙村委会白沙二组。故居始建于清末，为普通民居，砖瓦结构，建筑面积139平方米。故居于1987年由四会县人民政府拨款重修。1991年，农工民主党广东省委提供彭泽民先生的图片和文字资料，彭泽民先生的女儿提供彭泽民先生的铜像，在故居大厅陈列。

　　2006年四会市人民政府将故居列入四会市文物保护单位。

　　彭泽民（1877—1956），字锦泉，号镛希，出生于广东四会白沙村一个贫穷的农民家庭。他是我国民主革命的先驱；著名的

彭泽民故居

爱国华侨领袖，马来西亚归侨；是南洋最早追随孙中山先生的革命党人之一。为推翻帝制，为中国的民主自由和新中国的成立做出过巨大贡献。1949年9月，彭泽民代表农工民主党出席中国人民政治协商会议第一届全体会议。中华人民共和国成立后，历任中央人民政府委员、政务院政法委员会副主任、中国民主同盟中央委员会常务委员、中国农工民主党中央委员会副主席、中国红十字会副会长、北京归国华侨联谊会主席、中华全国归国华侨联合会副主席等职。

三、四会革命烈士纪念碑

四会市革命烈士纪念碑坐落在四会市城区樷山公园内，占地约500平方米，东、南、西三面设有总高1.6米的台阶。拾级而上，来到碑基，碑基地面用花岗岩铺砌，约370平方米。碑基三面设水泥围栏，皆为水泥仿花岗岩装饰，北面砌高约2.4米、略呈弯状高墙，墙上镶嵌"人民英雄永垂不朽"八个红色大字。碑基中央立纪念碑，整个碑身用金沙黑大理石块镶贴。碑座约呈正方

四会革命烈士纪念碑

四会革命烈士纪念碑局部

形，高约1米，正面嵌灰麻火烧花岗岩石，阴刻金字碑文。碑座上矗立13.7米高纪念碑。碑身截面呈矩形，正面竖刻"四会革命烈士纪念碑"红色大字，碑身底大顶小。整座纪念碑气势雄伟，庄严肃穆，令人肃然起敬。四周林木茂盛，绿草如茵，游客至此，自发驻足瞻仰。

为纪念为国捐躯殉职的先烈们，1995年初，中共四会市委员会、市人民政府在槎山公园动工兴建四会革命烈士纪念碑；1995年9月8日，在纪念反法西斯暨抗日战争胜利五十周年的日子里，四会革命烈士纪念碑落成揭幕。

2000年9月，该纪念碑被肇庆市精神文明建设委员会、中共肇庆市委宣传部列为肇庆市爱国主义教育基地。每年清明节前后，四会市党政军领导、干部，人民群众、社会团体、青少年学生等各界代表均前往这里举行纪念活动。2014年8月31日，经过全国人大常委会表决通过，设立9月30日为"中国烈士纪念日"，自此在每年的"烈士纪念日"，由中共四会市委员会、市人民政府组织党政领导、烈军属、青少年、学生等代表在槎山公园革命烈士纪念碑举行公祭活动，缅怀革命烈士，弘扬革命精神，继承和发扬革命传统，增强全市人民的爱国意识。

四、四会抗日阵亡将士纪念碑

四会抗日阵亡将士纪念碑位于城中街道城中社区中山公园内，建于1940年。是为纪念1939年四会马房守军抗日阵亡将士而建。占地面积约56平方米，坐北向南，碑为四棱台柱体，高6米，碑身正面阴刻"抗日阵亡将士纪念碑"字样。碑座方形，高1.86米，镶嵌花岗岩石，上面刻有立碑人名字及立碑时间。碑台呈正方形，边长7.5米，台高0.64米，四边设有0.5米高的围栏，入口宽1.3米。碑前有英制铁炮1门。该纪念碑对研究四会的抗战历史和开展爱国主义教育活动具有一定的历史价值和现实意义。

抗日阵亡将士纪念碑

抗日阵亡将士纪念碑局部

后
记

　　《四会市革命老区发展史》是在广东省和肇庆市两级老区建设促进会的悉心指导下，在中共四会市委、四会市政府的直接领导下，经有关部门的通力合作和全体编纂人员的共同努力，历经几载寒暑，数易其稿，才付梓成书的。为此，看到努力成果的同时，我们感到十分欣慰。

　　不忘初心，牢记使命。挖掘革命老区的发展潜力，展现老区人民艰苦奋斗风貌，承传老区人民脚踏实地、穷则思变的精神，使革命老区人民早日步入小康社会——这就是我们编写《四会市革命老区发展史》的初衷和动力！

　　青山书答卷，老区展新颜。在那革命斗争的峥嵘岁月里，四会市老区人民前仆后继，可歌可泣；进入社会主义建设时期，艰苦奋斗，战天斗地；在改革开放的大潮下，不忘初心，砥砺前行，成果丰硕。老区人民的坚韧不拔、勇于开拓、不断进取的革命精神，激励着我们以严谨务实的科学态度，去对待编纂过程中的每一个史实、每一处遗址、每一帧图片……力求做到精益求精，还原历史原貌，以供后人查阅、研究和借鉴。

　　在编写过程中，我们得到了四会市有关部门和单位的大力支持和热心帮助。他们是：市委办、市府办、市人大办、市政协办、市委组织部、市委宣传部、市发展和改革局、市政协文史资料委员会、市党史方志办、市文广旅体局、市农业农村局、市林业局、市教育局、市卫健局、市妇联、市交通运输局、市公路局、广东电网四会供电局、市水务局、市统计局、市退役军人事务局、市民政局、市财政局、市扶贫办、市创文办、市住建局、市公安局、市档案局、市邮政局、中国移动公司四会分公司、中国联通公司四会分公司、江谷精细化工产业基地、市博物馆、市图书馆和市8个老区镇（街道）。在此书出版之际，我们谨向以上单位以及其他给予本书指导和帮助的上级部门、兄弟单位和社会各界人士表示最衷心的感谢。

由于能力和水平有限，书中资料收集不全、调查考察不深之处在所难免，书中不足和缺点，敬请老领导、老同志以及史学界专家、学者和广大读者不吝赐教、批评指正。

编　者

2020年10月

广东人民出版社 党政精品图书

围绕中心，服务大局，做最具高度、深度和温度的主题出版物

扫码关注更多
主题出版物

中宣部主题出版重点出版物

《中华人民共和国通史》（七卷本）

· 全国第一部反映中华人民共和国70年光辉历程的多卷本通史性著作
· 中央党校、中央党史和文献研究院权威专家倾力打造

《账本里的中国》

一册册老账本，串起暖心回忆，讲述你我故事，体味民生变迁。

· · ·

《全国革命老区县发展史丛书·广东卷》

· 挖掘广东120个革命地区的红色记忆
· 中国老区建设促进会牵头组织

《红色广东丛书》

· 广东省委宣传部重点主题出版物
· 传承红色基因，弘扬革命精神

本书配有智能阅读助手，为您1V1定制

《四会市革命老区发展史》阅读计划

帮助您实现"时间花得少，阅读体验好"的阅读目的

建 议 配 合 二 维 码 一 起 使 用 本 书

您可根据自己的学习需求，量身定制专属于您的阅读计划：

阅读服务方案	阅读时长指数	为您提供的资源类型	帮助您达到以下学习目的
1. 高效阅读	阅读频次 较低　每次时长 较短　总共耗费时长 ▪▪	总结类	快速学习和掌握红色精神。
2. 轻松阅读	阅读频次 较高　每次时长 适中　总共耗费时长 ▪▪▪	基础类	简单了解革命老区的历史。
3. 深度阅读	阅读频次 较高　每次时长 较长　总共耗费时长 ▪▪▪▪	拓展类	继承和发扬红色精神，推动老区发展。

针对您选择的阅读计划，您可以享受以下权益：

立刻获得的主要权益

▶ **专享本书社群服务**：提供创造价值与私密的深度共读服务，群内分享阅读干货，发起话题探讨
▶ **1套阅读工具**：辅助您高效阅读本书，终身拥有

每周获得的主要权益

▶ **专属热点资讯**：16周社科文学类资讯推送，每周2次
▶ **精选好书推荐**：16周文学社科热门好书推荐，每周1次

长期获得的主要权益

线下读书活动推荐：精选活动，扩充知识开拓视野
不少于1次

抢兑礼品：免费抽取实物大礼
不少于2次限时抽奖

微信扫码

添加智能
阅读助手

只需三步，获取以上所有权益：
1. 微信扫描二维码；
2. 添加智能阅读助手；
3. 获取本书权益，提高读书效率。

❶ 鉴于版本更新，部分文字及界面可能会有细微调整，敬请包涵。